KLAR FÜHREN

Wie Klarheit, Haltung und Selbstführung deine Wirksamkeit stärken

Ein Impulsbuch für moderne Führungskräfte

Ein Buch von Christian Klinke

Impressum:

PPA Leadership Coaching
Am Spottenberg 5a
63834 Sulzbach am Main
Deutschland

ISBN: 9798293411207
Herstellung und Verlag: Amazon Kindle Direct Publishing

Printed in Germany.

Inhaltsverzeichnis

Vorwort

Es beginnt meist mit einem inneren Unbehagen. Ein vager Druck im Brustkorb, das Gefühl, den Überblick zu verlieren – oder sich selbst. Menschen führen Teams, Projekte, Unternehmen – aber allzu oft verlieren sie dabei die Verbindung zu sich selbst. Sie agieren, statt zu gestalten. Reagieren, statt zu führen.

Ich schreibe dieses Buch für all jene, die anders führen wollen. Für Führungskräfte, die spüren, dass Klarheit, Haltung und Selbstführung keine leeren Worte sind, sondern die Grundvoraussetzung für gute Führung. Für Menschen, die den Mut haben, innezuhalten und sich selbst zu fragen:
Was macht meine Führung eigentlich aus?
Wofür stehe ich – und was lasse ich nicht mehr mit mir machen?

Führung beginnt nicht bei den anderen. Sie beginnt bei dir.

Als ich begann, mich mit dem Thema empathischer und klarer Führung zu beschäftigen, wurde mir schnell bewusst: Es gibt unzählige Bücher über Leadership, Kommunikation und Motivation. Viele davon stellen Theorien in den Vordergrund. Manche sind technisch, manche laut. Doch kaum eines spricht darüber, wie entscheidend es ist, mit sich selbst im Reinen zu sein, um kraftvoll und klar nach außen wirken zu können.

In einer Zeit, in der sich Organisationen wandeln, Teams dezentral arbeiten und psychologische Sicherheit zunehmend zum Maßstab für gesunde Zusammenarbeit wird, braucht es eine neue Form von Führung. Eine, die nicht nur steuert, sondern verbindet. Die nicht überredet, sondern inspiriert. Die nicht auf Kontrolle baut, sondern auf Klarheit, Vertrauen und echte Beziehung. Es braucht Menschen, die bereit sind, Haltung zu zeigen – auch dann, wenn es unbequem wird. Nicht weil sie perfekt sind, sondern weil sie bereit sind, Verantwortung zu übernehmen: für sich, für andere, für das größere Ganze.

Dieses Buch ist kein Rezeptbuch. Es will keine perfekte Führungskraft formen. Es ist ein Impulsgeber. Ein Raum für Reflexion. Eine Einladung, dich selbst und deinen Führungsstil neu zu betrachten.

Warum Klarheit? Weil sie befreiend ist. Weil sie Orientierung gibt. Weil sie verbindet, wo sonst Unsicherheit herrscht. Klarheit ist keine Schärfe. Sie ist kein Machtinstrument. Sie ist der innere Zustand, in dem du weißt, was dir wichtig ist – und bereit bist, danach zu handeln.

Dieses Buch richtet sich nicht nur an klassische Führungskräfte. Es richtet sich an alle, die Verantwortung übernehmen – für Menschen, Prozesse, Projekte. Und vor allem: für sich selbst.

Vielleicht fühlst du dich manchmal zerrissen zwischen Empathie und Abgrenzung. Zwischen dem Anspruch, für andere da zu sein, und dem Wunsch, dich selbst nicht zu verlieren. Dann bist du hier richtig. Denn in diesem Buch geht es genau darum: Wie du in der Führung du selbst bleiben kannst.

Du wirst keine Checklisten finden, sondern Gedanken, die zum Nachdenken einladen. Du wirst keine Instant-Lösungen bekommen, sondern Impulse, die wirken – wenn du bereit bist, dich selbst ernst zu nehmen.

Ich habe dieses Buch geschrieben, weil ich davon überzeugt bin: Klarheit ist ein unterschätzter Schatz der Führung. Und weil ich weiß, dass achtsame, reflektierte Menschen in ihrer Führungsrolle oft viel stärker sind, als sie selbst glauben.

Nimm dir Zeit. Lies nicht alles auf einmal. Lass das Buch mit dir arbeiten.

Dieses Buch ist eine Einladung. Keine Anleitung. Und du bist frei, es auf deine Weise zu lesen. Vielleicht beginnt deine Klarheit nicht mit einer Antwort, sondern mit einer ehrlichen Frage. Und genau da setzt dieses Buch an.

„Klarheit ist der Mut, sich selbst nicht aus dem Weg zu gehen.“

- Andreas Tenzer

Kapitel 1: Die Kraft der Klarheit

„In der Klarheit liegt die Wahrheit. "Nicht die, die schreit – sondern die, die bleibt.“

Klarheit ist die Grundlage von Führung – nicht als Technik, sondern als Haltung. Sie entscheidet, ob du Orientierung gibst oder selbst nach Orientierung suchst. Ob du führst oder getrieben wirst. Ob Menschen dir vertrauen – oder deine Worte hinterfragen. Klarheit ist das, was übrig bleibt, wenn du dich entschieden hast, wer du bist – und bereit bist, danach zu handeln. Viele Führungskräfte agieren mit hoher fachlicher Kompetenz und großem Engagement. Doch wenn die innere Ausrichtung fehlt, wird Führung beliebig. Entscheidungen wirken sprunghaft, Kommunikation bleibt vage. Die Folge: Verwirrung, Misstrauen – und ein ständiges Nachjustieren im Außen. Klarheit hingegen schafft einen ruhenden Pol. Sie ist kein Ausdruck von Härte, sondern von Verlässlichkeit. Sie bringt Struktur in komplexe Kontexte, gibt Halt in unsicheren Momenten – und erlaubt dir, dich auf das Wesentliche zu konzentrieren. Dabei geht es nicht darum, laut oder dominant aufzutreten. Im Gegenteil: Klarheit ist oft leise. Sie braucht keine Rechtfertigung, kein Imponiergehabe, keine Show. Sie zeigt sich in klaren Entscheidungen, in einer deutlichen Sprache und in einem Verhalten, das nachvollziehbar ist –

auch wenn es unbequem wird. Menschen spüren, ob du dir selbst vertraust. Und sie merken, ob deine Entscheidungen auf innerer Überzeugung beruhen – oder auf äußerem Druck.

Klarheit hat mehrere Ebenen. Sie beginnt im Denken: Du weißt, was du willst, was du nicht willst und wofür du stehst. Sie setzt sich fort im emotionalen Erleben: Du erkennst, was dich bewegt, verunsichert oder blockiert – und gehst reflektiert damit um. Und sie reicht bis in deine Haltung: Du hast ein Bewusstsein für deine Werte, deine Prioritäten, deine Grenzen. Erst dieses Zusammenspiel macht dich kongruent – also stimmig in dem, was du sagst, entscheidest und tust. Genau das ist es, was andere wahrnehmen – oft unbewusst, aber deutlich. In der Psychologie spricht man von Kohärenz: einem Zustand, in dem Gedanken, Gefühle und Handlungen übereinstimmen. Menschen, die kohärent führen, wirken glaubwürdig – nicht, weil sie perfekt sind, sondern weil sie sich nicht verstellen müssen. Ihr Handeln ist eingebettet in einen inneren Rahmen. Diese Stimmigkeit macht sie vertrauenswürdig – selbst dann, wenn sie Fehler machen oder Grenzen setzen.

Oft wird Klarheit mit Perfektion verwechselt. Doch Klarheit heißt nicht, immer recht zu haben oder jede Situation zu kontrollieren. Klarheit bedeutet, sich bewusst zu sein: über die eigene Haltung, über das, was gerade zählt – und über das, was jetzt notwendig ist. Sie zeigt sich darin, dass du Prioritäten setzen kannst. Dass du zu Entscheidungen stehst, auch wenn sie nicht populär sind. Und dass du dabei nicht hart wirst – sondern fokussiert bleibst.Wer klar führt, muss nicht alles kommentieren. Er oder sie wird durch das eigene Verhalten zum Referenzpunkt. Weniger Worte. Mehr Richtung. Gerade in komplexen oder konfliktbeladenen Situationen zeigt sich, wie gefestigt deine innere Klarheit wirklich ist. Denn genau dann wird Führung gebraucht – nicht als Autorität, sondern als Orientierung. Wenn andere unsicher sind, suchen sie nicht die perfekte Lösung. Sie suchen jemanden, der Haltung zeigt. Der sagt: „Das ist mein Standpunkt – und ich bin bereit, ihn zu vertreten."

Doch so kraftvoll Klarheit wirkt – sie entsteht nicht von selbst. Viele Faktoren untergraben sie im Alltag:

- die Tendenz zur Überanpassung, um es allen recht zu machen,
- die Angst, unbequem zu wirken, wenn du eine Grenze setzt,
- die Entscheidungsvermeidung aus Harmoniebedürfnis – und nicht zuletzt die unreflektierte Betriebsamkeit, das Gefühl, ständig funktionieren zu müssen.

All das entfernt dich von dir selbst.

Einer meiner Coaching-Klienten, ein Manager im mittleren Management, mit dem ich intensiv am Thema Klarheit gearbeitet habe, ist hierfür ein gutes Beispiel. Er erinnerte sich noch gut an ein Projektmeeting, in dem er zum ersten Mal bewusst anders auftrat. Es war ein Mittwochvormittag, das dritte Statusmeeting in zwei Wochen, und die Stimmung im Team war zunehmend gereizt. Immer wieder drifteten die Gespräche ab – in technische Detaildiskussionen, in Schuldzuweisungen, in endlose Argumentationsspiralen. Eigentlich war alles gesagt, aber nichts entschieden. In den Wochen zuvor hatte er häufig geschwiegen, beobachtet, gehofft, dass sich das Team selbst sortieren würde. Doch genau das geschah nicht. Stattdessen breitete sich eine gewisse Müdigkeit aus – eine Atmosphäre, in der Unklarheit zur Normalität wurde. In diesem Moment entschloss er sich, anders zu führen. Kein lautes Wort, kein dominanter Auftritt – nur ein klarer, ruhiger Satz: *„Wir fokussieren uns ab sofort auf das Wesentliche. Ich möchte, dass wir diese Woche zwei konkrete Entscheidungen treffen – und alle Nebendiskussionen vertagen.“* Seine Stimme war ruhig. Die Worte klar. Und doch spürte er, wie sich der Raum veränderte. Die Kollegin, die sich sonst gern in Details verlor, unterbrach sich mitten im Satz – und nickte. Der introvertierte Kollege, der oft überhört wurde, hob den Blick. Er sagte nichts, aber sein Gesichtsausdruck wirkte wach. Und sein Stellvertreter, der ihn zuletzt offen infrage gestellt hatte, lehnte sich zurück. Nicht herausfordernd, sondern aufmerksam. Es war kein Moment der Macht. Es war ein Moment der Klarheit. Nach dem Meeting sprach ihn eine Mitarbeiterin an.

„Danke, dass Sie das gesagt haben", meinte sie. „Ich hatte schon das Gefühl, wir drehen uns nur noch im Kreis. Aber ich wollte nichts sagen – ich dachte, das sei nicht meine Rolle." Er sah sie an und musste innerlich schlucken. In diesem einen Satz steckte alles: die Sehnsucht nach Orientierung. Der Wunsch nach jemandem, der Verantwortung übernimmt, ohne sich aufzudrängen. Und der Mut, Dinge zu benennen – nicht laut, aber deutlich. An diesem Tag verstand er zum ersten Mal, was es bedeutet, klar zu führen. Nicht, weil er Recht hatte. Nicht, weil er die bessere Lösung kannte. Sondern weil er sich innerlich entschieden hatte, nicht länger Unklarheit zu tolerieren. Innere Klarheit, so erkannte er, beginnt nicht mit Antworten. Sie beginnt mit der Entscheidung, präsent zu sein.

Deshalb ist Selbstführung so zentral. Sie ist der Nährboden deiner Klarheit. Wenn du dich selbst führen kannst, wirst du weniger gesteuert. Du triffst bewusstere Entscheidungen, kommunizierst eindeutiger – und entwickelst eine Haltung, die trägt. Auch unter Druck. Du wirst weniger anfällig für äußere Erwartungen, weil du deinen inneren Kompass kennst. Und du wirst mit der Zeit merken: Je klarer du in dir wirst, desto mehr Klarheit entsteht auch um dich herum.

Es lohnt sich, diesen Prozess bewusst zu gestalten. Zum Beispiel, indem du dich regelmäßig fragst:

- Wann war ich besonders klar – und warum?
- Wann habe ich meine Klarheit verloren – und was hat mich aus der Spur gebracht?

Auch ein einfaches Klarheitstagebuch kann helfen: Drei Abende lang notierst du dir, wann du klar warst, woran du es erkannt hast – und was dir in diesem Moment geholfen oder gefehlt hat.

Diese kleine Übung stärkt deine Selbstwahrnehmung. Und sie gibt dir Hinweise darauf, wie du dich weiter stabilisieren kannst. In der Führungstheorie gilt Klarheit längst nicht mehr als „Soft Skill“, sondern als zentrales Wirkprinzip. Studien zum Authentic Leadership zeigen: Führungskräfte, die sich ihrer selbst bewusst sind, klare Werte vertreten und offen kommunizieren, erzeugen mehr Vertrauen, mehr Engagement und mehr Stabilität im Team. Es geht dabei nicht um Lautstärke oder Dominanz – sondern um Kohärenz und Verlässlichkeit. Klarheit bedeutet letztlich, dich selbst ernst zu nehmen. Nicht auf eine egozentrische Weise – sondern in Verantwortung für dein Team, deine Organisation, dein Umfeld. Wenn du klar bist, gibst du anderen etwas, woran sie sich orientieren können. Du wirst zum ruhigen Anker. Nicht durch Kontrolle. Sondern durch innere Stabilität. Und genau darin liegt deine Kraft.

„Zwischen Reiz und Reaktion liegt ein Raum. In diesem Raum liegt unsere Macht zur Wahl unserer Reaktion. In unserer Reaktion liegen unser Wachstum und unsere Freiheit."

-Viktor E. Frankl.

Kapitel 2: Klar bleiben - auch wenn es laut wird

Klarheit zeigt ihre wahre Stärke nicht in ruhigen Momenten, sondern mitten im Druck, im Lärm und in der Unsicherheit. Wenn alles geordnet ist, wenn Zeit da ist, wenn du dich sicher fühlst – dann ist es einfach, bei dir zu bleiben. Doch Führung zeigt sich vor allem dann, wenn genau das nicht der Fall ist: Wenn sich die Ereignisse überstürzen, Erwartungen auf dich einprasseln, andere laut werden – oder du innerlich in Aufruhr gerätst. Dann wird aus Klarheit oft Unsicherheit. Genau in diesen Momenten liegt die eigentliche Herausforderung. Als ich jung war und meine erste Führungsrolle übernahm, sagte ein älterer, väterlicher Mentor zu mir: „Deine Emotionalität steht dir im Weg." Damals war ich verunsichert. Ich verstand den Satz – aber gleichzeitig traf er mich. Denn was genau heißt das für eine Führungskraft? Keine Gefühle mehr zeigen? Härter werden? Sich abschotten? Heute sehe ich es differenzierter. Emotionen zu haben, ist menschlich – auch in der Führung. Sie zu spüren, sie wahrzunehmen, sie ernst zu nehmen, gehört dazu. Aber: Wir dürfen uns nicht von ihnen steuern lassen. Nicht impulsiv reagieren, wenn es laut wird. Nicht verstummen, wenn wir verletzt sind. Nicht blockieren, wenn Angst aufkommt. Klarheit in der Führung bedeutet nicht, keine Emotionen zu haben – sondern mit ihnen bewusst umzugehen. Es geht um

Gewahrsein. Um Selbstführung. Darum, die eigenen Gefühle zu erkennen – ohne sich von ihnen vereinnahmen zu lassen. Das ist kein Widerspruch zur Empathie. Es ist ihre Voraussetzung. Es ist trügerisch zu glauben, Klarheit sei ein stabiler Zustand. In Wahrheit ist sie eine Praxis. Eine Entscheidung, die du immer wieder neu triffst – gerade dann, wenn dein System am liebsten in den Reflexmodus wechseln würde. Die neuropsychologische Forschung zeigt: Unter Stress aktiviert unser Gehirn automatische Muster – Kampf, Flucht oder Erstarrung. Doch Führung bedeutet, nicht jedem Impuls zu folgen. Sie beginnt damit, dir bewusst zu werden, was gerade in dir geschieht – und dich nicht von äußeren Reizen dominieren zu lassen. Unter Druck wirst du versucht sein, dich anzupassen oder mitschwingen. Du spürst die Anspannung im Raum, die Erwartungen, die Ungeduld – vielleicht sogar unterschwellige Aggression. In solchen Momenten geht es nicht darum, perfekt zu bleiben oder souverän zu wirken. Es geht darum, nicht reaktiv zu werden. Klarheit unter Stress ist kein Zeichen von Kälte – sondern von innerer Verankerung.

Klar bleiben heißt: innehalten, bevor du reagierst. Nicht in das Muster zu rutschen, das dir kurzfristig Erleichterung verschafft – Zustimmung, Harmonisierung, Durchgriff –, sondern bei deiner Linie zu bleiben. Auch wenn du die Lösung noch nicht hast. Auch wenn andere drängen. Auch wenn du selbst verunsichert bist. Diese Form der Selbstführung ist anspruchsvoll – aber genau sie macht dich glaubwürdig. Die innere Stabilität, die du brauchst, um in lauten Zeiten klar zu bleiben, entsteht nicht im Moment des Konflikts. Sie entsteht davor – durch bewusste Routinen, durch Reflexion, durch Selbstklärung. Wer sich regelmäßig mit sich selbst auseinandersetzt, wer seine Reaktionsmuster kennt, wer Entscheidungen aus Haltung statt aus Emotion trifft, ist vorbereitet, wenn es turbulent wird. Denn er kennt seine Mitte – und hat eine innere Struktur, an der er sich orientieren kann.

Dazu gehört auch: deine Grenzen kennen lernen. Klarheit bedeutet nicht, sich durchsetzen zu müssen. Sie bedeutet, klar zu machen, was für dich stimmig ist – und was nicht. Auch wenn andere das unbequem finden. Wenn du zu allem Ja sagst, verlierst du dich. Wenn du immer mitgehst, verlierst du Richtung. Doch wenn du bereit bist, deinen Standpunkt zu vertreten – auch unter Druck – entsteht eine Autorität, die nicht auf Lautstärke basiert, sondern auf Haltung. Diese Art von Klarheit hat eine starke Wirkung. Sie beruhigt.Sie strukturiert. Sie gibt Orientierung – gerade dann, wenn alle nach Antworten suchen. Du wirst nicht wahrgenommen als jemand, der alles weiß. Sondern als jemand, der nicht verschwindet, wenn es schwierig wird. Deine Präsenz wird zur Einladung: zur Klarheit, zur Konzentration, zum echten Dialog.

Eine Klientin aus dem oberen Management – verantwortlich für mehrere internationale Teams – kam in unser Coaching mit einem klaren Anliegen: *„Ich möchte souveräner reagieren. Mich nicht ständig ärgern. Und nicht mehr das Gefühl haben, getrieben zu sein.“* Was sie beschrieb, war kein Einzelfall. Meetings, in denen sie sich angegriffen fühlte. E-Mails, die sie nachts nicht schlafen ließen. Plötzliche Anrufe, die ihren Tagesplan zerschossen. Immer wieder reagierte sie – schnell, effizient, funktional. Aber innerlich fühlte sie sich fremdgesteuert. In einer der Coaching-Sitzungen gingen wir diesen Mustern auf den Grund. Ich bat sie, sich eine konkrete Situation ins Gedächtnis zu rufen: Ein Projektleiter hatte sie in einem Call vor versammeltem Team in Frage gestellt – subtil, aber spürbar. Ihre Antwort war sachlich gewesen, vielleicht etwas zu kühl. Danach hatte sie sich geärgert. Über ihn. Über sich. Über die Situation. Ich stellte ihr eine einfache Frage: *„Was hätte deine souveräne, klare Version in diesem Moment gebraucht – nicht nach außen, sondern nach innen?“* Sie schwieg lange. Dann sagte sie leise: *„Einen Moment. Einen Moment zum Atmen. Zum Sortieren. Und den Mut, nicht sofort zu reagieren."* In den darauffolgenden Wochen trainierten wir genau das: die Fähigkeit zur inneren Klarheit vor der Reaktion. Einen inneren Stopp einzubauen, auch wenn es drängt. Sich selbst zu beobachten, ohne sich sofort zu erklären. Beim nächsten kritischen Meeting schrieb sie sich einen kleinen Satz auf einen Zettel: *„Klarheit beginnt in mir."* Sie legte ihn sichtbar neben ihr Notebook. Und tatsächlich: Als die nächste herausfordernde Situation kam, griff sie nicht sofort zum Wort. Sie atmete. Sah die Spannung. Und antwortete erst, als ihre Haltung wieder ganz bei ihr war. Nach dem Gespräch schrieb sie mir eine kurze Nachricht: *„Es war kein perfekter Auftritt. Aber ich war bei mir. Und ich bin stolz darauf."* Genau darum geht es. Klar führen heißt nicht, immer sofort die perfekte Antwort zu haben. Es heißt, sich selbst zu führen, bevor man andere führt. Selbstführung ist kein Tool. Sie ist eine Haltung. Eine Entscheidung für innere Klarheit – mitten im Sturm.

Natürlich gibt es Situationen, in denen du selbst ins Wanken kommst. Das ist menschlich. Führung heißt nicht, unberührbar zu sein. Es heißt, dich selbst wieder zurückzuholen, wenn du dich verlierst. Es heißt, dir zu erlauben, dich zu zentrieren – auch wenn andere weiter hetzen. Und es heißt, dir Menschen an die Seite zu holen, die dir helfen, klar zu bleiben – wenn es in dir oder um dich herum laut wird. Es ist hilfreich, dich regelmäßig zu fragen: Welche Situationen bringen mich aus der Spur? Ist es Kritik? Emotionaler Druck? Das Bedürfnis, gemocht zu werden?

Diese Reflexion macht dich nicht schwächer – sie macht dich freier. Denn was du erkennst, kannst du steuern. Und was du steuern kannst, verliert seine Macht über dich. Wenn du beginnst, deine Klarheit auch in schwierigen Momenten zu halten – oder bewusst wiederzufinden –, wirst du erleben, wie sich deine Wirkung verändert. Du wirst ruhiger in dir. Verlässlicher für andere. Souveräner in deinem Handeln. Nicht perfekt. Aber klar. Und das reicht.

„Wer ein Warum zum Leben hat, erträgt fast jedes Wie."

\- Friedrich Nietzsche

Kapitel 3: Empathie beginnt bei dir

Ich zweifle. Nicht oft. Aber ehrlich. Es gibt Momente, da frage ich mich: Reicht das, was ich bin? Genüge ich so, wie ich führe – zurückhaltend, klar, aber nicht laut? In solchen Momenten helfen mir keine Zahlen, keine Titel, keine Labels. Es sind Gespräche, Spiegelungen, ehrliche Rückmeldungen, die mir zeigen: Doch, es reicht. Ich habe gelernt: Selbstvertrauen wächst nicht durch Vergleich. Es wächst durch Verbindung – mit dem, was in mir verlässlich ist. Und durch die Bereitschaft, mich selbst nicht ständig infrage zu stellen, sondern auch mal zu sagen: Ich bin da. Und das genügt.

Empathie wird in der Führung oft als etwas verstanden, das sich auf andere richtet: die Fähigkeit, sich in andere hineinzuversetzen, ihre Perspektive zu verstehen und mitfühlend zu reagieren. Das ist richtig – aber nur die halbe Wahrheit. Denn Empathie beginnt nicht bei der anderen Person. Sie beginnt bei dir. Wie du mit dir selbst umgehst, wenn du unsicher bist, einen Fehler machst oder dich erschöpft fühlst – das ist die Basis für deinen Umgang mit anderen. Wenn du dich selbst hart behandelst, dich ständig antreibst oder abwertest, deine eigenen Bedürfnisse ignorierst, wirst du – oft unbewusst – genau diese Muster in deiner

Führung weitergeben. Vielleicht nicht in Worten, aber in Ton, Haltung, Erwartung. Selbstempathie ist kein Rückzug in die Komfortzone. Sie ist ein Zeichen von Bewusstsein, Reife – und Verantwortung.

Empathische Führung erfordert emotionale Selbstanbindung. Das heißt: Du kannst benennen, was in dir vorgeht. Du bemerkst Spannungen, Druck, Überforderung – und reagierst nicht automatisch, sondern mit einem Minimum an innerer Klarheit. Diese Fähigkeit entsteht nicht durch Trainings oder Checklisten. Sie wächst durch innere Arbeit. Durch einen ehrlichen Blick auf dich selbst. Und durch die Bereitschaft, dich ernst zu nehmen – auch wenn das unbequem ist. Wer sich selbst empathisch begegnet, geht mit eigenem Scheitern würdevoll um. Nicht mit Ausflüchten – aber auch nicht mit Abwertung. Du erkennst an, dass du nicht perfekt bist – und dass niemand das von dir erwartet. Du lernst, deine Grenzen wahrzunehmen, bevor sie überschritten werden. Und du erlaubst dir, nicht alles leisten zu müssen, um wertvoll zu sein. In dieser Haltung liegt nicht Schwäche – sondern Kraft. Denn sie macht dich resilienter, präsenter, klarer im Umgang mit anderen.

Ein Geschäftsführer eines mittelständischen Familienunternehmens kam nach unserem ersten Gespräch auf den Punkt:

„Ich habe alle Tools durch – Kommunikationstrainings, Feedbackmethoden, Führungsworkshops. Aber irgendwie bleibt das Gefühl: Ich treffe nicht mehr durch.“ Er war ein kluger, erfahrener Mann, strategisch stark und analytisch präzise. Seine Mitarbeiter schätzten seine Kompetenz – und doch herrschte seit Monaten eine gewisse Distanz im Unternehmen. Die Fluktuation war gestiegen, die Stimmung im Führungskreis angespannt. Immer wieder hieß es: *„Er meint es gut – aber man weiß nie so genau, wo man bei ihm steht.“* Im Coaching ging es nicht um ein neues Instrument. Kein Kommunikationsmodell, keine Prozessoptimierung. Sondern um etwas Grundsätzlicheres: Seine Haltung. In einer intensiven Sitzung bat ich ihn, zwei zentrale Fragen zu reflektieren:

„Wofür stehst du als Führungskraft - jenseits von Quartalszielen?“ „Und spüren deine Leute das wirklich?“

Er zögerte. Dann sagte er: *„Ich will Klarheit, Respekt, Entwicklung. Aber vielleicht sende ich etwas anderes.*

Vielleicht bin ich zu kontrolliert. Oder zu vorsichtig." Dieser Satz war der Wendepunkt. In den Wochen danach arbeitete er nicht an seiner Rhetorik. Sondern an seiner Präsenz. An der Fähigkeit, Entscheidungen nicht nur zu treffen, sondern zu vertreten - mit innerer Überzeugung. An der Bereitschaft, nicht immer alles abzusichern, sondern für etwas zu stehen. In einem Teammeeting teilte er wenige Wochen später etwas, das für ihn ungewöhnlich war. Keine Analyse. Keine Agenda. Sondern eine Haltung. Er sagte: *„Mir ist wichtig, dass wir uns gegenseitig ehrlich begegnen. Ich merke, dass ich das selbst manchmal vermeide – weil ich Harmonie will. Aber ab jetzt gilt für mich: Klarheit ist wichtiger als Gefallen.*" Es wurde still im Raum. Doch danach kam Bewegung. Ein Kollege sprach etwas an, was er lange zurückgehalten hatte. Eine Mitarbeiterin wagte erstmals, ein Nein zu formulieren. Und der Geschäftsführer? Der blieb ruhig – aber sichtbar. Nicht, weil er eine Technik angewendet hatte. Sondern weil er Haltung gezeigt hatte. Das ist die Kraft authentischer Führung: Sie braucht keine große Bühne. Aber sie braucht einen inneren Standpunkt. Wer nur Techniken anwendet, bleibt austauschbar. Wer Haltung zeigt, wird spürbar.

Die Forschung zur Selbstführung zeigt: Selbstmitgefühl ist ein starker Prädiktor für psychische Stabilität und

Führungsqualität. Menschen, die gelernt haben, mit sich selbst respektvoll umzugehen, entwickeln ein realistisches Selbstbild, sind weniger anfällig für Erschöpfung – und treffen stimmigere Entscheidungen. Nicht aus Angst. Sondern aus Überzeugung. Diese Haltung wirkt oft im Stillen – aber sie verändert alles. In der Praxis heißt das: Du erkennst innere Konflikte, bevor sie sich nach außen verlagern. Du nimmst deine Reaktionen wahr, ohne dich von ihnen überwältigen zu lassen. In schwierigen Gesprächen bist du nicht nur bei der anderen Person – sondern auch bei dir. Du spürst, wenn du dich verschließt, dich anpasst oder überforderst – und findest den Weg zurück zu dir. Nicht idealisiert. Sondern realistisch. Nicht hart. Sondern klar. Diese Form der Selbstempathie verändert auch deine Kommunikation. Du wirst weniger bewertend, weniger impulsiv, weniger rechthaberisch. Dafür klarer, ehrlicher – auch in deinen Grenzen. Denn du brauchst dich nicht über Kontrolle oder Überlegenheit zu definieren. Du führst nicht mehr durch Perfektion – sondern durch Präsenz. Es lohnt sich, ehrlich auf deine Beziehung zu dir selbst zu schauen: Wie sprichst du innerlich mit dir, wenn du etwas nicht schaffst? Wie gehst du mit dir um, wenn du kritisiert wirst? Welche Haltung nimmst du dir gegenüber ein, wenn du dich überfordert fühlst oder enttäuscht bist?

In diesen Momenten entscheidet sich, wie du langfristig führst. Denn wer sich selbst regelmäßig übergeht, verliert irgendwann die Fähigkeit, andere mit Klarheit und Mitgefühl zu führen. Führung beginnt innen. Nicht als Selbstoptimierung – sondern als Beziehung zu dir selbst. Wenn du dich selbst ernst nimmst, deine Grenzen achtest und dir erlaubst, auch mal müde, weich oder ratlos zu sein, dann wirst du zu jemandem, bei dem sich andere sicher fühlen. Nicht, weil du alles weißt – sondern weil du dich selbst nicht mehr verleugnest.

Das ist der Kern empathischer Führung:

- Du bist in Beziehung – mit dir, und dadurch auch mit anderen.
- Du bist erreichbar, aber nicht übergriffig.
- Du bist aufmerksam, aber nicht kontrollierend.
- Du bist mitfühlend, aber nicht aufopfernd.
- Und du führst, weil du dich führst – in Würde, mit Klarheit, mit echtem Interesse am Menschen.

„Klare Grenzen sind liebevoll. Unklare Grenzen sind grausam.“

- Brené Brown

Kapitel 4: Grenzen setzen mit Würde

Führung braucht Verbindung – aber auch Abgrenzung. Gerade empathische, feinfühlige Menschen in Führungsrollen geraten dabei oft in eine innere Spannung: Sie spüren viel, sehen viel, verstehen viel – und verlieren sich dabei manchmal selbst. Sie wollen nicht verletzen, nicht enttäuschen, nicht „zu viel" sein. Und doch geschieht genau das, was sie vermeiden wollen: Sie passen sich an, übergehen ihre Grenzen – und werden dadurch unklar, unauthentisch oder innerlich erschöpft. Grenzen setzen ist kein Akt der Härte. Es ist ein Ausdruck von Würde. Es sagt: Ich achte mich. Ich bin verantwortlich für mich – und übernehme damit auch Verantwortung für die Qualität unserer Beziehung. Grenzen schützen nicht nur dich. Sie schützen auch die Klarheit im Miteinander. Denn was du zulässt, formt die Dynamik zwischen dir und anderen. Viele verwechseln Grenzen mit Ablehnung oder Rückzug. Doch gesunde Grenzen ermöglichen Nähe. Ohne Rollenkonfusion, ohne unausgesprochene Erwartungen, ohne schwelende Überforderung. Wenn du klar sagst, was für dich stimmig ist – und was nicht –, ermöglichst du anderen, dir wirklich zu begegnen. Du wirst greifbar. Und du wirst verlässlich. In der Führung bedeutet das: Du gibst nicht überall nach, nur weil jemand Druck macht.

Du übernimmst nicht jede Aufgabe, nur weil du kannst. Du bist nicht für alles und alle zuständig – und erst recht nicht für die Gefühle anderer. Deine Aufgabe ist nicht, alles auszuhalten. Sondern dich selbst ernst zu nehmen. Wer das tut, wird nicht kalt – sondern klar. Grenzen setzen heißt nicht, sofort Nein zu sagen. Es heißt: bewusst hinzuschauen. Will ich das wirklich? Ist das mein Thema? Bin ich bereit, diese Verantwortung zu tragen – oder gehe ich gerade über mich hinweg? In diesem Moment der inneren Klärung entscheidet sich Führung. Nicht in der Lautstärke deiner Antwort – sondern in der Qualität deiner Selbstwahrnehmung.

Führung ohne Grenzen wird zur Belastung – für dich und für andere. Du wirst verfügbar, aber nicht mehr fokussiert. Du wirst freundlich, aber nicht mehr verlässlich. Du sagst Ja, obwohl du innerlich längst ein Nein spürst – und verlierst dabei etwas Entscheidendes: deine Authentizität. Denn jedes zu weiche Nein ist ein stilles Ja zum Selbstverlust. Gerade empathische Führungskräfte spüren sehr genau, was andere brauchen - aber sie überhören dabei oft, was sie selbst brauchen. Sie wollen Konflikte vermeiden, Harmonie bewahren, loyal sein. Das ist verständlich. Aber gefährlich wird es, wenn du deine eigene Grenze erst dann bemerkst, wenn sie längst überschritten wurde. Dann entstehen innere

Spannungen, unterschwelliger Groll, Erschöpfung – und letztlich: Führung aus Überforderung statt aus Klarheit. Grenzen setzen mit Würde bedeutet, dich selbst nicht zum Preis der Beziehung aufzugeben. Es bedeutet, eine Haltung zu entwickeln, die sagt:

Ich bin offen - aber nicht grenzenlos.
Ich bin zugewandt - aber nicht beliebig.
Ich bin verlässlich - aber nicht verfügbar für alles.

Diese Haltung wirkt nicht abschreckend. Sie schafft Vertrauen. Denn Menschen spüren, wenn du dich nicht verlierst. Und sie orientieren sich an dem, was du zulässt – und was nicht. Es braucht Mut, Grenzen klar zu machen. Besonders dann, wenn du für andere da sein willst. Doch dieser Mut zahlt sich aus. Denn wer sich selbst ernst nimmt, wird auch von anderen ernst genommen. Und wer sich klar positioniert, wirkt nicht hart – sondern echt. Du wirst zu jemandem, an dem man sich orientieren kann, weil du weißt, wo du stehst. In der Praxis heißt das:

Du entscheidest bewusst, wo du dich engagierst –
und wo du dich zurückziehst.
Du erlaubst dir, Nein zu sagen, ohne Schuldgefühle.

Du setzt Prioritäten, auch wenn du dafür Kritik bekommst. Und du achtest auf dein inneres Gleichgewicht – nicht als Luxus, sondern als Voraussetzung für gesunde Führung.

Auch hier ein Beispiel aus der Praxis: Ein Bereichsleiter, mit dem ich seit einiger Zeit arbeitete, beschrieb mir zu Beginn eine immer wiederkehrende Frustration: *„Ich kommuniziere sachlich, respektvoll, lösungsorientiert – aber meine Botschaft kommt oft nicht an. Statt Klarheit ernte ich Verwirrung oder Rückzug."* Wir analysierten gemeinsam eine konkrete Situation: Er hatte seinem Team in einem längeren E-Mail-Update erläutert, warum ein bestimmtes Projekt gestoppt wurde – inklusive aller Hintergründe, Zahlen, Stakeholder-Einschätzungen und strategischer Abwägungen. Er dachte, er sei transparent gewesen. Die Reaktion? Verunsicherung. Rückfragen. Und in Einzelgesprächen sogar unterschwellige Kritik: *„Wir wissen gar nicht, was jetzt von uns erwartet wird."* Im Coaching baten wir die Kommunikation auf den Prüfstand. Nicht im Sinne von Schönreden oder Kürzen um des Kürzens willen – sondern mit der Frage:

Was will ich wirklich sagen und was soll ankommen?

Er erkannte, dass seine gut gemeinten Erklärungen oft überfrachtet waren. Dass er Zusammenhänge darstellte, aber keine Entscheidung sichtbar machte. Dass seine Sprache korrekt, aber unentschlossen wirkte.In der nächsten vergleichbaren Situation wählte er einen anderen Weg. Er begann mit einem klaren Einstieg: *„Wir beenden das Projekt zum 31. Mai. Die Entscheidung ist getroffen. Und ich erkläre euch gern, warum.“* Dann folgte – reduziert, aber nachvollziehbar – eine kurze Erklärung der Hintergründe. Und am Ende drei klare Punkte:

1. Was das für das Team bedeutet.

2. Welche neuen Prioritäten gelten.

3. Wo Fragen oder Feedback willkommen sind.

Nach dem Meeting sprach ihn eine Mitarbeiterin an: *„Danke. Es war zum ersten Mal klar. Und ich hatte das Gefühl, Sie stehen wirklich hinter dem, was Sie sagen.“* Dieser Satz blieb hängen. Nicht weil er perfekt formuliert hatte. Sondern weil er klar war. Weil er sich getraut hatte, weniger Worte zu machen – aber mehr Verantwortung zu zeigen. Seitdem lautet sein Leitsatz: *„Ich will nicht mehr nur verstanden werden – ich* *will wirksam sein.“* Genau das ist die Essenz klarer Kommunikation: Sie beginnt mit der inneren Entscheidung, Verantwortung zu übernehmen – für die Botschaft und ihre Wirkung. Wer klar führt, sagt nicht mehr. Sondern bewusster. Und manchmal bedeutet das: weniger Worte, aber mehr Haltung. Grenzen setzen mit Würde ist eine tägliche Führungsaufgabe. Sie beginnt in kleinen Momenten: Ein klares Nein. Eine verschobene Aufgabe. Ein geschützter Kalenderblock für dich selbst. Doch genau in diesen Momenten stärkst du deine Klarheit. Du trainierst deinen Selbstrespekt. Und du zeigst deinem Umfeld: Ich nehme mich ernst – und genau deshalb bin ich auch für andere verlässlich da.

„Führen heißt: eine Richtung geben – nicht: jemanden ziehen."

\- Reinhard K. Sprenger

Kapitel 5: Einfluss durch Integrität

Einfluss wird oft mit Macht verwechselt: mit Durchsetzung, mit Kontrolle, mit der Fähigkeit, andere zu bewegen – notfalls auch gegen deren Willen. Doch nachhaltiger Einfluss entsteht nicht durch Druck. Er entsteht durch Integrität. Und Integrität beginnt dort, wo du beginnst, dir selbst treu zu bleiben. Führung bedeutet, Wirkung zu erzeugen. Doch wie du wirkst, hängt weniger von deinen Methoden ab – als von deiner inneren Übereinstimmung. Menschen folgen nicht den Lautesten. Sie folgen den Klarsten. Und sie vertrauen jenen, bei denen Worte und Verhalten übereinstimmen. In einem Klima ständiger Veränderung, wachsender Erwartungen und subtiler Manipulation ist diese Form von Klarheit selten geworden – und deshalb umso wertvoller.

Integrität bedeutet nicht, dass du nie zweifelst oder dich nie hinterfragst. Es bedeutet, dass du deine Entscheidungen auf etwas Tieferem gründest – statt auf Anpassung oder Opportunismus. Es heißt: Du weißt, wofür du stehst. Du kennst deine Werte. Und du bist bereit, bei ihnen zu bleiben – auch wenn es unbequem wird. Diese Haltung ist nicht laut. Aber sie ist spürbar. Deine Integrität zeigt sich nicht in großen Auftritten – sondern in kleinen Entscheidungen. In dem Gespräch, das du führst, obwohl es anstrengend ist. In der

E-Mail, die du nicht abschickst, weil sie deinem Stil nicht entspricht. In der Haltung, mit der du zu deinen Überzeugungen stehst – auch wenn dir ein Vorteil entgeht. Genau dort entsteht Einfluss: Nicht durch Strategie. Sondern durch Haltung.

Viele Führungskräfte unterschätzen, wie stark ihr Verhalten wirkt. Sie glauben, Mitarbeitende folgen ihren Anweisungen – doch in Wahrheit folgen sie ihrer Haltung. Sie beobachten, ob du dich selbst ernst nimmst. Ob du zu dem stehst, was du sagst. Ob du dir selbst vertraust – oder dich verstellst, sobald es schwierig wird.
Diese feinen Signale machen den Unterschied. Sie entscheiden, ob dein Einfluss tragfähig ist – oder bei der nächsten Unsicherheit verpufft. Integriertes Verhalten heißt, Verantwortung zu übernehmen – nicht nur für Ergebnisse, sondern für deinen eigenen Führungsstil. Es heißt, dich nicht hinter Rollen oder Strukturen zu verstecken – sondern sichtbar zu werden in deiner Haltung. Es heißt, dich selbst mit denselben Maßstäben zu betrachten, die du bei anderen anlegst. Diese Form der Führungsreife braucht Selbstreflexion. Und die Bereitschaft, dich nicht ständig zu optimieren – sondern dich zu verankern.

Es ist ein Irrtum zu glauben, dass du Einfluss bewusst steuern kannst. Wahrer Einfluss entsteht dort, wo du aufhörst, zu gefallen – und beginnst, stimmig zu sein. Dort, wo deine Präsenz wirkt, weil sie klar, ehrlich und verantwortungsvoll ist. Dort, wo Menschen dich nicht als Rolle erleben – sondern als Person mit Haltung. Das heißt nicht, dass du dich nie anpasst oder keine anderen Perspektiven zulässt. Im Gegenteil: Integrität braucht Dialog. Aber sie kennt eine Grenze – dort, wo du dich selbst aufgeben müsstest, um Erwartungen zu erfüllen. Einfluss, der aus Integrität entsteht, ist kein Produkt von Beliebtheit. Er ist ein Ergebnis von Vertrauen. Und Vertrauen entsteht nicht durch Nettigkeit – sondern durch Verlässlichkeit.

Eine Klientin, eine junge Führungskraft, erst seit wenigen Monaten in ihrer Rolle ist hierfür ein gutes Beispiel. Sie kam sichtlich erschöpft ins Coaching. Sie leitete ein kleines, engagiertes Team und hatte den Anspruch, es *„allen recht zu machen"*. Ihre Tage waren voll, ihre Abende lang – ständig im Austausch, ständig verfügbar. „Ich bin für sie da, das ist doch meine Aufgabe", sagte sie. „Aber langsam verliere ich den Überblick. Und manchmal auch den Respekt." Es war kein Jammern. Es war ein ehrliches Eingeständnis: Ihre Fürsorglichkeit war zur Falle geworden. Wir sprachen über

Grenzen. Nicht als Schutzmauer, sondern als Ausdruck von Klarheit. Ich stellte ihr eine Frage:

„Wo in deinem Führungsverhalten tust du Dinge, die du eigentlich nicht vertreten kannst – nur um Konflikte zu vermeiden?“

Sie zögerte. Dann sagte sie: *„Ich antworte auf Nachrichten spätabends, obwohl ich innerlich genervt bin. Ich übernehme Aufgaben, die meine Leute selbst tragen müssten. Und ich sage Ja, obwohl ich Nein denke.“* Wir arbeiteten daran, ihre Vorstellung von guter Führung zu differenzieren. Zwischen Fürsorge und Verantwortungsdiffusion. Zwischen Unterstützung und Selbstaufgabe. Eine Woche später wagte sie einen ersten Schritt. Ein Teammitglied bat sie, kurzfristig eine Präsentation zu übernehmen – eigentlich eine originäre Aufgabe des Kollegen. Früher hätte sie übernommen, um Stress zu vermeiden. Dieses Mal sagte sie ruhig: *„Ich verstehe, dass du unter Druck bist. Aber das gehört zu deinem Verantwortungsbereich. Ich bin gern unterstützend da, aber ich nehme es dir nicht ab.“* Der Kollege wirkte im ersten Moment irritiert. Aber er akzeptierte es. Und erledigte die Aufgabe – mit Erfolg. Am Abend schrieb sie mir eine Nachricht:

„Ich hatte Herzklopfen. Aber es war ein gutes Gefühl. Ich war freundlich – aber klar.“

Grenzen setzen heißt nicht, hart zu werden. Es heißt, ehrlich zu bleiben – mit sich und mit anderen. Seit diesem Tag beginnt sie ihre Teammeetings mit einem neuen inneren Kompass: *„Ich bin nicht da, um allen alles abzunehmen. Ich bin da, um Klarheit zu geben – auch durch meine Grenzen.“* Und das Erstaunliche: Ihr Team schätzt sie seitdem mehr. Nicht weniger. Denn echte Führung entsteht nicht durch ständige Verfügbarkeit. Sondern durch erkennbare Haltung.

Menschen erinnern sich nicht nur an das, was du sagst. Sie erinnern sich daran, wie sie sich in deiner Gegenwart gefühlt haben. Ob sie sich sicher gefühlt haben. Gesehen. Ernst genommen. Ob sie gespürt haben, dass du dich nicht verbiegst, nur um gut dazustehen. Diese emotionale Qualität deiner Führung – sie ist der wahre Kern deines Einflusses. Wenn du beginnst, Integrität nicht als Ideal zu sehen, sondern als Führungsprinzip zu leben, wird sich dein Wirken verändern: Du wirst weniger Dinge tun, die nicht zu dir passen – und dadurch klarer. Du wirst seltener Ja sagen, wenn du Nein meinst – und dadurch glaubwürdiger. Du wirst nicht mehr versuchen, überall zu wirken – sondern dort, wo deine

Haltung trägt. Das ist Einfluss. Nicht als Technik. Sondern als Ausdruck deiner Klarheit.

„No is a complete sentence.“

- Anne Lamott

Kapitel 6: Tiefe statt Taktik

Ich habe mich nie mit schnellen Antworten zufriedengegeben. Auch in der Führung nicht. Smalltalk, Oberflächenrituale, taktisches Verhandeln – all das habe ich gelernt zu durchschauen. Aber nicht zu leben.

Ich wollte immer mehr wissen: Was bewegt Menschen wirklich? Was brauchen sie, um zu wachsen? Und: Was blockiert sie, obwohl sie so viel könnten? Tiefe kostet Zeit. Sie verlangt Mut. Sie zeigt sich nicht sofort. Aber sie schafft Vertrauen. Sie unterscheidet Führung von Verwalten. Und sie hilft, das Relevante vom Reaktiven zu trennen. Führung ist zu einem Markt geworden. Ein Ort voller Tools, Modelle, Formate und Techniken. Wer sich umsieht, findet eine Fülle an Anleitungen: Wie du Feedback gibst. Wie du Ziele formulierst. Wie du Gespräche führst. Wie du Vertrauen aufbaust. Es scheint für alles eine Methode zu geben – und für jede Methode ein Versprechen. Doch je mehr Taktik ins Spiel kommt, desto mehr geht manchmal etwas Entscheidendes verloren: die Tiefe. Tiefe ist das, was bleibt, wenn du aufhörst, zu beeindrucken. Sie beginnt dort, wo du dich selbst zeigst – nicht als perfekte Führungskraft, sondern als Mensch mit Haltung, Geschichte und innerem Maßstab. Wer nur performt, wirkt oft glatt – aber nicht greifbar. Wer sich zeigt, schafft Resonanz – nicht durch Technik, sondern durch Echtheit.

Ein erfahrener Projektleiter aus einem internationalen Konzern schilderte mir zu Beginn des Coachings ein wiederkehrendes Muster: *„Ich bekomme oft mit, dass mein Team sich gegenseitig abspricht, bevor sie mit mir sprechen. Sie halten Rücksprache untereinander, manchmal sogar hinter meinem Rücken – obwohl ich eigentlich als offen gelte."* Er war sichtbar betroffen. Nicht wütend, sondern eher enttäuscht. *„Ich will kein autoritäres Klima – aber ich frage mich, ob ich etwas falsch mache."* In den folgenden Sitzungen arbeiteten wir daran, die Wurzel dieses Misstrauens zu verstehen. Es ging nicht um mangelnde Offenheit – im Gegenteil. Er war freundlich, gut vorbereitet, nie laut. Aber gerade das machte es für sein Team manchmal schwer, einzuschätzen, wofür er stand. In einem Einzelgespräch mit einer Mitarbeiterin bekam er später ein ehrliches Feedback: *„Wir wissen nie so genau, ob Ihre Meinung schon feststeht oder ob wir wirklich noch etwas einbringen können."* Dieser Satz traf ihn – und öffnete ihm gleichzeitig die Augen. Er verstand: Vertrauen wächst nicht nur durch Freundlichkeit, sondern durch Einschätzbarkeit. Menschen vertrauen, wenn sie wissen, woran sie sind. Wenn sie spüren, dass Klarheit keine Falle ist – sondern ein Angebot. Er änderte daraufhin seine Kommunikation. Statt höflich-vage zu fragen *„Was halten Sie davon?“*, begann er häufiger mit Sätzen wie: *„Meine Sicht ist XY – ich bin offen für Argumente, aber ich möchte, dass wir heute eine Entscheidung treffen.“* Oder: *„Ich bin in diesem Punkt klar – ich höre gern Ihre Perspektiven, aber es gibt wenig Spielraum.“* Das Team reagierte zunächst verhalten, dann zunehmend positiv. In Feedbackrunden wurde deutlich: Die neue Klarheit wirkte beruhigend. Nicht einschränkend, sondern orientierend. Nach einigen Wochen sagte er im Coaching: *„Ich habe gelernt, dass Vertrauen nicht entsteht, wenn ich alle Optionen offen lasse – sondern wenn ich deutlich bin, ohne dicht zu machen.“* Vertrauen basiert auf psychologischer Sicherheit. Und die entsteht, wenn Menschen wissen: Diese Führungskraft sagt, was sie denkt – und steht zu dem, was sie sagt. Klarheit ist kein Gegensatz zu Vertrauen. Sie ist die Voraussetzung dafür.

Viele Führungskräfte haben gelernt, sich gut zu präsentieren. Sie wissen, wie sie auftreten, argumentieren, sich behaupten. Doch das allein schafft noch keine Verbindung. Verbindung entsteht nicht durch Wirkung – sondern durch Berührbarkeit. Durch das, was du nicht planst, sondern zulässt. Tiefe zeigt sich nicht in Strategien – sondern in Momenten, in denen du dich nicht mehr hinter deiner Rolle versteckst. Das heißt nicht, dass Methoden wertlos sind. Sie können Orientierung geben, Sicherheit schaffen, Struktur ermöglichen. Aber sie dürfen nicht zum Ersatz für Beziehung werden. Denn Führung ist – in ihrem Kern – Beziehungsarbeit. Und Beziehung lässt sich nicht automatisieren. Sie braucht Präsenz. Ehrlichkeit. Und den Mut, Unvollkommenheit zuzulassen.

Tiefe entsteht in Gesprächen, in denen du nicht nur auf Inhalte achtest, sondern auf Zwischentöne. In denen du nicht nur Fragen stellst, sondern dich selbst einbringst. In denen du nicht die richtige Antwort gibst – sondern eine echte. Diese Art der Kommunikation braucht nicht viele Worte. Sie braucht Klarheit.

Und sie braucht Vertrauen – in dich selbst. Gerade in Führungsrollen ist es verlockend, sich auf Strategien zu verlassen. Checklisten helfen dir, souverän zu bleiben, Nähe aufzubauen, Konflikte zu entschärfen. Doch Tiefe lässt sich nicht inszenieren. Sie entsteht nicht durch Technik – sondern durch Haltung. Wenn du dir selbst begegnest, ehrlich und ohne Maske, wird auch dein Gegenüber anwesender sein. Mitarbeitende spüren sehr genau, ob ein Gespräch aufrichtig gemeint ist – oder Teil einer Führungstechnik. Sie merken, ob du wirklich interessiert bist – oder nur etwas abarbeitest. Tiefe ist nicht planbar. Aber sie ist spürbar. Und sie macht den Unterschied – gerade in schwierigen, unsicheren oder konflikthaften Situationen. In einer Arbeitswelt, die auf Tempo, Effizienz und Außenwirkung setzt, geht Tiefe oft unter. Doch gerade sie unterscheidet Führung, die funktioniert – von Führung, die wirkt. Tiefe baut Vertrauen auf, wo Misstrauen lauert. Sie öffnet Räume, wo Menschen sich zurückziehen. Und sie ermöglicht Entwicklung – weil sie Menschen nicht auf Leistung reduziert, sondern als ganze Persönlichkeiten wahrnimmt. Führung ohne Tiefe bleibt flach. Sie kann erfolgreich sein – auf dem Papier. Aber sie hinterlässt selten etwas Bleibendes. Führung mit Tiefe dagegen ist vielleicht weniger spektakulär – aber sie verändert. Weil sie nicht nur Prozesse steuert, sondern Menschen bewegt. Weil sie nicht nur wirkt – sondern prägt. Diese Tiefe beginnt bei dir. In deiner Bereitschaft, dich selbst zu hinterfragen. In deiner Fähigkeit, dich ohne Maske zu zeigen. In deinem Mut, bei dir zu bleiben – auch wenn andere mit Oberflächlichkeit glänzen. Nicht, um besser zu sein. Sondern um echter zu führen. Klarer. Wirksamer. Und auf eine Weise, die trägt.

„The single biggest problem in communication is the illusion that it has taken place."

- George Bernard Shaw

Kapitel 7: Unsichtbar führen - sichtbar wirken

Ich habe nie zu den Lauten gehört. Nie zu denen, die sich inszenieren, laut auftreten, Räume dominieren. Lange glaubte ich, das sei ein Nachteil – besonders in Führungskontexten. Doch mit der Zeit habe ich gelernt: Wer leise führt, wirkt nicht weniger – sondern anders. Nicht mit Lautstärke, sondern mit Haltung. Nicht durch Dominanz, sondern durch Präsenz. Es ist nicht wichtig, ob du auffällst – sondern ob du tragfähig bist. Klarheit ist kein Lautstärkepegel. Sie ist ein innerer Zustand. Nicht jede Führung zeigt sich laut. Und nicht jede Wirkung ist sichtbar. Manchmal liegt die größte Kraft in der Zurückhaltung. In der Stille. In der Entscheidung, nicht zu dominieren – sondern zu ermöglichen. Es gibt Führungskräfte, die nicht auffallen, weil sie nicht im Mittelpunkt stehen. Und doch sind sie da. Und das spürt man. Ihre Wirkung ist nicht laut – aber nachhaltig.

Eine Führungskraft aus einem großen öffentlichen Unternehmen kam nach einem Burn-out zurück in ihre Rolle – vorsichtig, suchend, mit einem leisen Zweifel, ob sie überhaupt noch „funktionierte“. Sie war kompetent, beliebt, leistungsstark – aber innerlich erschöpft. Im Coaching sagte sie beim ersten Termin: *„Ich will wieder führen. Aber ich weiß nicht, ob ich das noch kann. Ich bin nicht mehr so* *belastbar wie früher. Ich nehme mir Dinge schneller zu Herzen. Und ich frage mich, ob das in meiner Rolle überhaupt Platz hat.“* Wir sprachen über Leistung, über Selbstbild – und über die gnadenlose Stimme in ihr, die ständig fragte: *„Reicht das?“* Irgendwann stellte ich ihr eine einfache, aber tiefgreifende Frage:

„Wie würdest du mit einer Mitarbeiterin sprechen, die so über sich denkt wie du gerade?“

Sie schwieg lange. Dann kamen leise Worte: *„Ich würde sie in den Arm nehmen. Und ihr sagen, dass sie mutig ist. Dass man nicht immer stark sein muss, um gut zu führen.“* Dieser Satz veränderte die Richtung. In den folgenden Wochen arbeiteten wir an ihrer Selbstempathie. Nicht als weichgespülte Selbstberuhigung – sondern als Fundament innerer Klarheit. Sie begann, sich kleine Pausen zu erlauben – nicht als Flucht, sondern als bewusste Selbstführung. Sie lernte, das eigene Energielevel ernst zu nehmen. Und sie sprach im Team offener über Grenzen, über Verantwortung – aber auch über Verletzlichkeit. In einem späteren Meeting sagte sie zu ihrem Team: *„Ich habe gemerkt, dass ich lange versucht habe, eine Rolle auszufüllen, die nicht mehr zu mir passt. Ab jetzt führe ich anders. Klarer, bewusster – und menschlicher.“* Die Reaktion war nicht Mitleid, sondern

Respekt. Nach dem Meeting kam ein Kollege zu ihr und sagte: *„Das war das stärkste Statement zur Führung, das ich je erlebt habe. Weil es echt war.“* Seitdem ist Selbstempathie für sie kein Rückzugsort mehr. Sondern ein innerer Kompass. Wer sich selbst empathisch begegnet, wird klarer im Außen. Weniger getrieben. Weniger abhängig von Bewertung. Und genau darin liegt wahre Stärke. Selbstempathie ist kein Gegensatz zu Professionalität. Sie ist ihre Voraussetzung.

Unsichtbare Führung ist keine Schwäche. Sie ist eine Haltung. Sie entsteht nicht aus Angst – sondern aus Bewusstsein. Aus dem Wissen, dass nicht jeder Moment eine Bühne braucht. Dass Präsenz nicht mit Lautstärke verwechselt werden darf. Dass Einfluss nicht durch Sichtbarkeit entsteht – sondern durch Substanz. Viele eher zurückhaltenden Führungskräfte stellen sich selbst infrage, weil sie nicht dem klassischen Bild entsprechen. Sie sprechen weniger, sie drängen sich nicht auf, sie überlassen anderen das Rampenlicht. Und doch gestalten sie mit – oft tiefgreifender als jene, die lauter auftreten. Ihre Stärke liegt nicht im Ausdruck – sondern in der Wirkung. Nicht im Überzeugen – sondern im Ermöglichen. Nicht im Steuern – sondern im Raumgeben.

Führung ist nicht immer sichtbar. Und sie muss es auch nicht sein. Die Vorstellung, dass nur die wahrgenommen werden, die sichtbar sind, ist eine Täuschung. In Wahrheit erinnern sich Menschen oft nicht an den, der am meisten gesprochen hat – sondern an den, bei dem sie sich gesehen gefühlt haben. Nicht an den, der die größten Ideen hatte –sondern an den, der ihnen Raum gegeben hat, ihre eigenen zu entfalten. Unsichtbare Führung zeigt sich in kleinen Momenten. In einer stillen Entscheidung, die Klarheit schafft. In einem Blick, der Halt gibt. In einem Rückzug, der anderen Verantwortung überträgt. In einer Bemerkung, die nicht glänzen will – sondern bewegt. Diese Momente erscheinen unscheinbar – und sind doch oft der Ausgangspunkt für Veränderung. Natürlich braucht Führung auch Sichtbarkeit. Du darfst dich zeigen. Du darfst sprechen. Du darfst Einfluss nehmen. Die Frage ist nur: Tust du es, um wirksam zu sein – oder um sichtbar zu bleiben? Sichtbarkeit kann Wirkung verstärken. Aber sie ist kein Selbstzweck. *Wer führt, um gesehen zu werden, verliert leicht die Verbindung zur Sache. Wer führt, um zu wirken, wird gesehen – auch wenn er oder sie nicht im Mittelpunkt steht.* Es lohnt sich, deinen eigenen Umgang mit Sichtbarkeit zu reflektieren: Wie viel Raum brauchst du, um dich wirksam zu fühlen? Und wie viel Raum gibst du anderen, ohne dich dabei zu verlieren? Sichtbare Führung ist nicht per se besser – sie ist einfach anders. Entscheidend ist, dass du deine Wirksamkeit nicht an äußere Anerkennung knüpfst –

sondern an innere Stimmigkeit. Wenn du leise führst, brauchst du umso mehr Vertrauen in dich selbst. Weil du weniger sichtbare Bestätigung bekommst. Weil du vielleicht übersehen wirst – gerade in lauten Systemen. Und weil du trotzdem präsent bleiben musst – nicht durch Lautstärke, sondern durch Klarheit. Diese Form der Präsenz ist subtil. Aber sie wirkt. Unsichtbar zu führen heißt nicht, sich zurückzuziehen. Es heißt, dich bewusst einzubringen – ohne dich aufzudrängen. Es heißt, Einfluss zu nehmen – ohne zu kontrollieren. Es heißt, Verantwortung zu tragen – ohne sie zu inszenieren.

Diese Haltung braucht innere Stabilität. Sie braucht Klarheit über deine Rolle. Und sie braucht die Bereitschaft, nicht ständig sichtbar zu sein, um wirksam zu bleiben. Du darfst dir erlauben, auf deine Weise zu führen. Du musst nicht lauter werden, um gehört zu werden. Du darfst leiser bleiben – und klar. Denn Klarheit ist hörbar, auch wenn sie nicht schreit. Und Haltung ist sichtbar, auch wenn sie nicht glänzt.

„Vertrauen ist der Klebstoff des Lebens. Es ist die wichtigste Zutat für eine effektive Kommunikation. Es ist das grundlegende Prinzip, das alle Beziehungen hält."

\- Stephen R. Covey

Kapitel 8: Vertrauen führen

Vertrauen ist nicht einfach da. Es entsteht. Und es entsteht nicht durch Worte – sondern durch Haltung. In der Führung ist Vertrauen kein Bonus, den du dir nebenbei erarbeitest. Es ist die Grundlage von allem, was du erreichen willst. Ohne Vertrauen entstehen Unsicherheit, Kontrolle, Distanz. Mit Vertrauen entsteht Raum – für Verantwortung, für Initiative, für Entwicklung. Doch Vertrauen beginnt nicht bei den anderen.

Es beginnt bei dir. Wenn du dir selbst nicht traust, wirst du dich schwertun, anderen zu vertrauen. Wenn du innerlich angespannt bist, weil du alles kontrollieren willst, wirst du genau diese Spannung weitergeben. Wenn du dich klein machst, wirst du andere unbewusst davon abhalten, dir zu folgen. Führung, die Vertrauen erzeugt, braucht ein stabiles Fundament: Selbstführung. Vertrauen zu führen heißt nicht, naiv zu sein. Es heißt, realistisch zu bleiben – und trotzdem nicht ins Misstrauen abzurutschen. Es heißt, andere nicht ständig beweisen zu lassen, dass sie verlässlich sind. Sondern ihnen zuzutrauen, dass sie es sind – bis das Gegenteil geschieht. Dieses Vorschussvertrauen ist riskant. Aber es ist auch der einzige Weg, wie echte Verantwortung entstehen kann. Kontrolle kann kurzfristig Sicherheit schaffen. Doch

Vertrauen schafft Bindung – und langfristige Stabilität. Wer anderen vertraut, gibt ihnen Raum, sich zu zeigen. Wer kontrolliert, gibt ihnen das Gefühl, beobachtet zu werden. Führung, die auf Vertrauen basiert, wirkt nicht durch Überwachung – sondern durch Zutrauen. ,Und genau dieses Zutrauen ist oft das, was Menschen brauchen, um über sich hinauszuwachsen.

Das bedeutet nicht, dass du alles abgeben musst.Im Gegenteil: Führung durch Vertrauen ist aktiv. Du bleibst im Kontakt. Du bleibst ansprechbar. Du gibst Feedback. Aber du tust es aus einer Haltung der Unterstützung – nicht aus einem Impuls zur Kontrolle. Du förderst Autonomie, ohne dich aus der Verantwortung zu ziehen. Du gibst Richtung – ohne zu bevormunden. Diese Art zu führen beginnt bei deinem inneren Bild von Vertrauen: Glaubst du, dass Menschen grundsätzlich bereit sind, Verantwortung zu übernehmen? Oder glaubst du, dass man sie ständig überprüfen muss? Deine Antwort auf diese Frage wird deine Führung prägen – selbst wenn du es nicht bewusst steuerst. Vertrauen ist spürbar. Es zeigt sich in deinem Ton. In deiner Körpersprache. In deiner Entscheidung, wann du eingreifst – und wann du loslässt. Menschen spüren, ob du sie wirklich siehst – oder nur managst. Ob du ihnen zutraust, eigene Lösungen zu finden –

oder lieber alles vorgibst. Und sie spüren auch, ob du dich selbst für vertrauenswürdig hältst.Denn Vertrauen fließt in beide Richtungen. Führung durch Vertrauen ist nicht schwächer als Führung durch Kontrolle – sie ist reifer. Sie braucht mehr Selbstreflexion. Mehr Geduld. Mehr Klarheit über eigene Erwartungen. Sie erträgt, dass Fehler passieren – nicht aus Gleichgültigkeit, sondern aus dem Bewusstsein: Entwicklung ist nur durch Erfahrung möglich. Wer Vertrauen führt, bleibt handlungsfähig – auch wenn etwas schiefläuft. Denn das Vertrauen gilt nicht nur dem Ergebnis – sondern dem Prozess. Diese Haltung verändert auch dein Umfeld. Wo Vertrauen geführt wird, entstehen dynamischere Teams. Menschen bringen sich stärker ein. Übernehmen Verantwortung. Denken mit. Nicht, weil sie müssen – sondern weil sie sich ernst genommen fühlen. Und das verändert alles. Nicht auf Knopfdruck. Aber auf Dauer.

Ein Klient in leitender Position hatte vor wenigen Monaten ein neues Team übernommen – ein anspruchsvolles Mandat, in einem Unternehmen mit starken politischen Strukturen. Schon früh wurde ihm klar: Es geht hier nicht nur um Leistung, sondern um Erwartungen, Loyalitäten und unausgesprochene Allianzen. „Ich merke, dass ich mich selbst verliere", sagte er im Coaching. „Ich passe mich an, schweige, wo ich früher Stellung bezogen hätte. Und ich tue Dinge, die ich eigentlich nicht vertrete – aus Angst, anzuecken." Wir sprachen über die Dynamik, die entsteht, wenn Führung zur Anpassung wird. Wenn Klarheit dem Wunsch nach Zugehörigkeit geopfert wird. Und darüber, wie schnell man sich – oft unbemerkt – von sich selbst entfernt. Ich stellte ihm eine zentrale Frage:

„Woran würdest du erkennen, dass du innerlich unabhängig bist – auch wenn dein Umfeld es nicht gutheißt?"

Er dachte lange nach. Dann sagte er: *„Ich würde meine Meinung sagen – auch wenn es unbequem ist. Ich würde Grenzen setzen, ohne mich zu rechtfertigen. Und ich würde morgens in den Spiegel schauen und wissen: Ich habe mich nicht verkauft."* In den folgenden Sitzungen arbeitete er daran, diese innere Unabhängigkeit wiederzufinden. Nicht als Rebellion, sondern als Rückbindung an die eigene Haltung. In einer schwierigen Situation – ein Konflikt mit einem einflussreichen Kollegen – entschied er sich, klar zu bleiben. Er formulierte seine Position offen, sachlich, ohne persönliche Angriffe. Und er blieb bei seiner Entscheidung, auch als die Kritik kam. Nach außen wirkte er ruhig. Innerlich war es ein Kraftakt. Doch einige Tage später kam eine überraschende

Wendung. Zwei Mitarbeitende, die bisher sehr reserviert gewesen waren, suchten das Gespräch. Einer sagte: *„Ich wollte Ihnen nur sagen – ich habe großen Respekt davor, wie Sie das gehandhabt haben. Es hat mir Mut gemacht."* Dieser Moment veränderte etwas. Er verstand: Innere Unabhängigkeit bedeutet nicht, unangreifbar zu sein. Sie bedeutet, sich selbst treu zu bleiben – auch wenn es Gegenwind gibt. Seitdem führt er mit einem einfachen inneren Leitsatz: *„Ich bin nicht hier, um Erwartungen zu erfüllen. Ich bin hier, um Verantwortung zu übernehmen – im Einklang mit mir selbst."* Und das ist es, was Klarheit in schwierigen Momenten wirklich ausmacht: Nicht der Applaus. Sondern der innere Friede mit dem, was man vertreten kann.

Vertrauen zu führen ist kein Konzept, das du einmal implementierst. Es ist ein fortlaufender Prozess. Es braucht Aufmerksamkeit. Korrekturen. Gespräche. Aber vor allem braucht es deine Entscheidung: Bin ich bereit, den Raum aufzumachen, der nötig ist, damit andere wachsen können – auch wenn ich dafür Kontrolle loslassen muss? Wenn du auf dieser Ebene zu führen beginnst, wirst du erleben, wie viel sich verändert. Nicht nur im Außen. Sondern auch in dir. Du wirst ruhiger. Du wirst klarer. Und du wirst wirksamer – nicht trotz, sondern wegen deiner Offenheit.

„Du kannst nicht für andere sorgen, wenn du dich selbst vergisst."

- Thich Nhat Hanh

Kapitel 9: Innere Unabhängigkeit

Führung bedeutet nicht, dass alle bleiben. Ich habe erlebt, wie sich Menschen abwenden, wenn man beginnt, klarer zu werden. Kooperationen, die vielversprechend begannen, sind geendet – abrupt, wortlos, enttäuschend. Früher dachte ich, ich müsse mich anpassen, verbindlicher sein, loyal bis zur Selbstverleugnung. Heute weiß ich: Es war nicht meine Klarheit, die zu viel war – es war ihre Unehrlichkeit, die zu wenig war. Innere Unabhängigkeit bedeutet nicht, allein zu gehen. Aber sie bedeutet, nicht mehr jedem Applaus nachzulaufen. Sondern bei sich zu bleiben, wenn andere sich entfernen. Und zu erkennen: Wer nicht bleiben kann, wenn du klar wirst, war nie wirklich da. Gerade empathische Führungspersönlichkeiten spüren oft mehr als andere: die Stimmung im Raum, unausgesprochene Wünsche, den subtilen Druck, es allen recht machen zu wollen. Und genau hier beginnt ein entscheidender Unterschied – zwischen äußerer Reaktion und innerer Führung. Innere Unabhängigkeit bedeutet nicht, dass dir alles egal ist. Es heißt nicht, dass du dich abkapselst oder dich über andere stellst. Es heißt, dass du deinen Wert nicht davon abhängig machst, ob andere dich bestätigen, ob du Erwartungen erfüllst, ob du von außen gesehen wirst. Es ist ein stilles, stabiles Fundament, das dir erlaubt, klar zu bleiben – auch wenn andere dich anders sehen wollen.

Viele Führungskräfte geraten in eine subtile Abhängigkeit vom Außen. Sie definieren sich über Rückmeldungen, über Zustimmung, über das, was andere über sie denken könnten. Sie fühlen sich gut, wenn sie gelobt werden – und zweifeln, wenn sie hinterfragt werden. Das ist menschlich. Aber auf Dauer ist es riskant. Denn so gibst du deine Führung ab. Du wirst abhängig – nicht von Menschen, sondern von Reaktionen. Innere Unabhängigkeit wächst durch Selbstklärung. Sie entsteht, wenn du deine Werte kennst, deine Haltung reflektierst und dich regelmäßig fragst: Was ist mein Maßstab? Woran messe ich meinen Erfolg? Was bleibt, wenn die Anerkennung ausbleibt? Diese Fragen führen nicht zur Selbstverliebtheit – sie führen zur Selbstverantwortung. Wer weiß, wofür er steht, muss sich weniger rechtfertigen. Wer seinen inneren Kompass kennt, verliert sich weniger in der Außenwelt. Gerade empathische Menschen tragen den Wunsch in sich, gesehen und verstanden zu werden. Das ist ein zutiefst menschliches Bedürfnis. Doch in der Führung kann es gefährlich werden, wenn daraus eine stille Abhängigkeit wird: Wenn du beginnst, dich selbst zurückzunehmen, um niemanden zu enttäuschen. Wenn du deine Grenzen verschiebst, nur um Harmonie zu wahren. Wenn du Entscheidungen nicht triffst, weil du Angst vor Ablehnung hast.

Eine Klientin aus der zweiten Führungsebene eines Tech-Unternehmens beschrieb sich selbst zu Beginn unseres Coachings als *„zu leise für echte Führung"*. Sie war analytisch stark, inhaltlich versiert, hoch reflektiert – doch sie zweifelte an ihrer Wirkung. „Ich bin keine Rampensau", sagte sie. „Ich bin nicht die, die im Raum dominiert. Und oft denke ich: Vielleicht reicht das nicht." Im Coaching spürte ich schnell: Ihre Zurückhaltung war keine Unsicherheit. Sie war Ausdruck von Tiefe, von Bedachtsamkeit – und von einem hohen Maß an Verantwortung für das, was sie sagte. Wir sprachen über leise, zurückhaltende Führung. Über Präsenz ohne Lärm. Über Einfluss ohne Druck. Und darüber, dass Wirksamkeit nicht von Lautstärke, sondern von **Klarheit in der Ausstrahlung** lebt. Ich fragte sie:

„Wann hast du zuletzt etwas gesagt – leise, aber so klar, dass es etwas im Raum verändert hat?"

Sie dachte nach. Dann erzählte sie von einer Situation, in der sich ihr Team heftig gestritten hatte. Zwei Kolleg:innen waren laut geworden, der Ton kippte. Die Diskussion drohte zu eskalieren. Sie sagte nichts – zehn Minuten lang. Dann hob sie ruhig den Blick, wartete, bis sie alle ansahen, und sagte nur einen Satz: *„So kommen wir nicht weiter – wir brauchen einen anderen Umgang.“* Keine laute Stimme. Keine Schuldzuweisung. Nur Klarheit. Der Effekt war spürbar. Es wurde still. Dann meldete sich einer der emotionalsten Kollegen zu Wort – ruhiger, reflektierter. Und das Gespräch nahm eine neue Richtung. Als sie die Situation beschrieb, merkte sie selbst, wie stark dieser Moment war. Nicht, weil sie sich durchgesetzt hatte. Sondern weil sie aus innerer Klarheit gehandelt hatte – nicht aus Trotz, nicht aus Reaktion, sondern aus Haltung.In den nächsten Wochen begann sie, ihren Führungsstil nicht mehr als „zu leise“, sondern als bewusst leise zu sehen. Ihre Klarheit bekam Raum. Nicht durch mehr Worte, sondern durch mehr Präsenz.Später sagte sie: *„Ich habe verstanden, dass meine Stärke nicht in der Lautstärke liegt – sondern darin, dass ich nur spreche, wenn es wirklich etwas zu sagen gibt. Und dass genau das meine Wirkung ausmacht.“* Klarheit ohne Lautstärke ist keine Schwäche. Sie ist eine Form stiller Autorität. Klare, leise Führung wirkt anders. Aber sie wirkt – tief, verbindlich und oft nachhaltiger als jede Inszenierung.

Innere Unabhängigkeit heißt, dich selbst ernst zu nehmen – auch wenn andere dich gerade nicht verstehen.
Es heißt, Entscheidungen zu treffen, die nicht allen gefallen – aber dir selbst treu bleiben. Es heißt, aufrecht zu bleiben – auch wenn du Gegenwind spürst. Nicht aus Trotz. Sondern aus Klarheit. Das ist keine Haltung der Isolation. Sondern eine Form innerer Stabilität. Sie erlaubt dir, offen zu bleiben – ohne dich zu verlieren.
Sie stärkt dein Rückgrat – ohne dich hart zu machen. Und sie gibt dir die Freiheit, andere wirklich zu sehen – weil du dich selbst nicht mehr permanent beweisen musst. Menschen folgen nicht denen, die alles richtig machen. Sie folgen denen, die spürbar bei sich sind. Die nicht alles mit sich machen lassen –aber auch nicht hart reagieren. Die nicht perfekt sind – aber klar. Innere Unabhängigkeit zeigt sich nicht im Rückzug. Sondern in der Fähigkeit, präsent zu bleiben – auch in Konflikten. Auch in Unsicherheit. Auch dann, wenn andere deine Klarheit in Frage stellen. Wenn du lernst, dich aus der ständigen Erwartung nach Bestätigung zu lösen, wirst du freier. Dein Blick wird klarer. Deine Entscheidungen werden eindeutiger. Und du beginnst, aus Haltung statt aus Angst zu führen. Das ist der Moment, in dem du wirklich wirksam wirst.

„Nichts ist schwerer, als sich selbst zu sehen, wie man ist.“

\- Carl Gustav Jung

Kapitel 10: Widerstände gegen Klarheit

Klarheit klingt gut. Klarheit wirkt souverän. Klarheit ist das Ideal. Doch Klarheit ist auch unbequem. Denn dort, wo sie auftaucht, löst sie etwas aus – nicht nur im Außen, sondern vor allem in uns selbst. Viele Menschen sehnen sich nach Klarheit in der Führung – aber nicht alle sind bereit, sie zu tragen. Und nicht alle erkennen, dass es oft gar nicht die äußeren Umstände sind, die Klarheit verhindern, sondern eigene innere Widerstände.

Diese Widerstände sind selten laut. Sie kommen verkleidet – als Harmoniebedürfnis, als Loyalität, als Unsicherheit. Manchmal auch als zu viel Verantwortungsgefühl für andere. Oder als vage Angst: vor Zurückweisung, vor Konflikten, vor Eskalation. Und oft sind sie eng verknüpft mit Erfahrungen aus unserer Biografie: Wurde Klarheit bei uns belohnt oder sanktioniert? Durften wir sagen, was wir denken – oder mussten wir lernen, uns zu fügen?

Ein zentrales psychologisches Moment ist dabei unser Bindungsbedürfnis. Unser Gehirn ist darauf programmiert, soziale Bindung zu sichern. In einer Führungsrolle kann diese Tendenz in eine Falle führen: Führung durch Vermeidung. Man glaubt, empathisch zu handeln, indem man Spannungen entschärft oder Unklarheiten stehen lässt – dabei weicht man aus. Die Folge: Frust im Team, fehlende Orientierung, innere Inkonsistenz.

Ich erinnere mich an eine Szene mit einer Führungskraft, nennen wir sie Julia. Sie leitete ein Team von zehn Personen, sehr engagiert, sehr empathisch – und mit einem hohen Anspruch, es allen recht zu machen. Es ging um die Verteilung eines neuen Projektbudgets. Zwei Mitarbeitende hatten sehr unterschiedliche Vorstellungen. Die Diskussion drehte sich im Kreis. Julia hörte zu, fasste zusammen und stellte Rückfragen. Doch irgendwann war klar: Eine Entscheidung musste getroffen werden. Und man spürte, dass sie genau wusste, was aus ihrer Sicht das Sinnvollste wäre. Doch sie sprach es nicht aus. Stattdessen sagte sie: „Ich verstehe beide Seiten und würde das gerne nochmal mit der Geschäftsleitung abstimmen."

Später sagte sie mir: „Ich hatte den Impuls, klar Position zu beziehen – aber ich wollte niemanden enttäuschen." Was Julia erlebte, ist ein klassischer Widerstand gegen Klarheit: Der Wunsch, gesehen und gemocht zu werden, kollidierte mit der Aufgabe, Orientierung zu geben. Doch paradoxerweise ist genau das Gegenteil der Fall: Unausgesprochene Klarheit belastet Beziehungen langfristig oft mehr als ausgesprochene

Entscheidungen. Denn Menschen spüren sehr genau, wenn jemand ausweicht.

Ein weiterer innerer Widerstand ist das Loyalitätsdilemma. Wir wollen zu einem Team stehen, zu einer Führungskraft, zu einer Unternehmenskultur. Doch was, wenn diese Zugehörigkeit mit unseren Werten kollidiert? Wenn du spürst, dass du dich verbiegst, um dabei zu bleiben? Dieses Dilemma ist hoch emotional. Es löst Schuldgefühle aus. Viele Führungskräfte empfinden Loyalität als Tugend. Und das ist sie – solange sie nicht zur Selbstverleugnung führt. Manchmal ist es ein Akt der höchsten Loyalität, Klartext zu sprechen – weil nur so Veränderung möglich wird.

Auch die Angst vor Konflikten spielt eine bedeutende Rolle. Klarheit bringt nicht immer, aber oft Widerspruch mit sich. Wer Position bezieht, macht sich angreifbar. Wer Grenzen setzt, riskiert Reibung. In vielen Organisationen gilt Konflikt noch immer als Störung – nicht als notwendiger Bestandteil von Entwicklung. Die Folge ist eine Kultur der Vorsicht, in der offene Worte gemieden werden. Doch Klarheit ohne die Bereitschaft, auch Konflikte auszuhalten, bleibt brüchig.

Ein dritter, oft unterschätzter Widerstand ist strukturell: In manchen Organisationen hat sich Unklarheit verselbständigt.

Sie dient als Puffer, als Tarnkappe, als Machtinstrument. Wer Fragen offenlässt, vermeidet Verantwortung. Wer vage bleibt, wird unangreifbar. Wer widersprüchlich kommuniziert, hält Optionen offen. In solchen Systemen ist Klarheit fast revolutionär. Sie bringt Unausgesprochenes auf den Tisch, stört eingespielte Dynamiken. Doch Klarheit ist kein Machtspiel – sie ist ein Kulturangebot.

Ich erinnere mich an ein Gespräch mit einer Personalleiterin, die mir sagte: „Ich weiß genau, was schiefläuft. Aber wenn ich das offen anspreche, verliere ich entweder den Rückhalt meines Teams oder die Gunst meines Chefs.“ Ich fragte: „Und wenn Sie es nicht ansprechen?“ – Sie zögerte. Dann sagte sie leise: „Dann verliere ich mich.“

Diese Antwort hat mich tief bewegt. Denn sie zeigt: Klarheit ist nicht nur eine Führungsfrage. Sie ist eine Frage der inneren Stimmigkeit. Und manchmal auch der Selbstachtung. Wer sich immer wieder zurückhält, zahlt einen inneren Preis: an Energie, an innerer Ruhe, an Vertrauen.

Doch so groß diese Widerstände auch sein mögen – sie sind nicht das Ende deiner Klarheit. Sie sind ihr Trainingsfeld. In jedem Moment, in dem du dich ihnen stellst, wächst deine innere Stärke. Klarheit entsteht nicht durch das Vermeiden von Widerstand – sondern durch das bewusste Durchgehen. Nicht trotzig. Nicht verbissen. Sondern ruhig, präsent und verbunden. Und manchmal beginnt dieser Weg mit einem Satz wie: "Ich merke, ich drücke mich gerade vor einer klaren Aussage." Oder: "Ich habe eine Position – und ich traue mich, sie auszusprechen."

Solche Sätze öffnen Räume – in dir und um dich herum. Klarheit ist nicht die Abwesenheit von Konflikt. Sie ist die Bereitschaft, Konflikt bewusst zu gestalten. Und manchmal ist sie das größte Geschenk, das du deinem Team machen kannst – und dir selbst.

„Don’t ask what the world needs. Ask what makes you come alive – and go do it.“

- Howard Thurman

Kapitel 11 : Klarheit im Team - Sprache, Feedback, Verantwortung

Klarheit beginnt bei dir – aber sie endet nicht dort. Sie entfaltet ihre volle Wirkung erst im Miteinander. In dem Moment, in dem du mit anderen Menschen arbeitest, wird Klarheit zur Teamaufgabe: in der Sprache, die du wählst, im Umgang mit Verantwortung – und vor allem in dem, wie ihr miteinander wachst.

Ein Team ohne Klarheit ist wie ein Orchester ohne Dirigat: Jeder spielt, aber niemand weiß genau, wie laut, wie lange, in welcher Tonart. Was fehlt, ist nicht Kompetenz. Was fehlt, ist Abstimmung, Verbindlichkeit – und oft der Mut, Dinge anzusprechen, die unbequem sind.

Klarheit im Team ist kein Kontrollinstrument. Sie ist auch keine ständige Ansage. Sondern sie ist ein gemeinsamer Resonanzraum, in dem Menschen wissen, woran sie sind – und warum sie da sind. Dieser Raum entsteht nicht von selbst. Er braucht bewusste Pflege – und deine Führung.

Eines der machtvollsten Führungsinstrumente ist deine Sprache. Sie wirkt nicht nur durch Worte – sondern durch Haltung. In jeder Formulierung schwingt eine Botschaft mit:

Bin ich präsent oder abwesend? Entscheide ich oder vermeide ich? Spreche ich Klartext oder bediene ich Erwartungen?

Ich erinnere mich an eine Szene in einem Teammeeting. Eine Führungskraft, nennen wir ihn Tobias, hatte ein Projekt mit knapper Deadline. Die Stimmung im Team war angespannt. Tobias sagte in der Runde: „Ich denke, wir sollten vielleicht versuchen, nächste Woche mal zu schauen, ob wir da was machen können."

Niemand reagierte. Und es war klar: So wird das nichts.

Nach dem Meeting sprachen wir. Tobias war frustriert, weil sich niemand verantwortlich fühlte. Ich fragte ihn: „Was genau hast du gerade gesagt?" – Er zögerte. Dann lachte er: „Stimmt. Das war total vage. Ich wollte niemanden unter Druck setzen – und hab mich selbst damit rausgenommen."

Solche Momente sind nicht selten. Viele Führungskräfte glauben, sie müssten weich formulieren, um empathisch zu wirken. Dabei entsteht oft das Gegenteil: Unverbindlichkeit. Nicht Klarheit.

Sprache darf weich sein – aber sie muss klar sein. „Ich bitte dich, diesen Teil bis Freitag zu liefern. Ist das realistisch für dich?" – Das ist klar. Es ist wertschätzend. Es ist verbindlich.

Und: Es lässt dem Gegenüber Raum, Verantwortung zu übernehmen.

Ein Team, das nicht klar über Verantwortung spricht, stolpert. Nicht, weil es faul ist. Sondern weil Unklarheit lähmt. Wer macht was – bis wann – mit welchem Ziel? Das sind keine Kontrollfragen, sondern Vertrauensfragen. Denn Verantwortung wächst dort, wo Menschen merken: Meine Aufgabe ist wichtig. Ich werde gesehen. Ich kann mich zeigen. Manche Führungskräfte sagen: „Ich will mein Team nicht micromanagen." Das ist ehrenwert – aber oft ein Missverständnis. Klarheit ist nicht Kontrolle. Klarheit ist Orientierung.

Verantwortung heißt: Ich weiß, wofür ich stehe – und worauf ich zählen kann. Wenn das fehlt, entstehen Grauzonen. Aufgaben versanden. Konflikte schwelen. Und irgendwann heißt es: „Ich dachte, du machst das."

Ein starkes Team hat keine Angst vor klaren Rollen – weil es weiß, dass Rollen verhandelbar sind. Wer sie nicht ausspricht, lässt sie im Schatten entstehen – durch Zuschreibungen, durch Gewohnheiten, durch implizite Erwartungen. Doch echte Verantwortung entsteht durch Transparenz. Und durch

Vertrauen, dass Menschen sie tragen wollen – wenn man sie lässt.

Einer der ehrlichsten Gradmesser für Klarheit im Team ist die Feedbackkultur. Wird nur gelobt – oder auch gespiegelt? Darf Unangenehmes gesagt werden – oder gibt es Tabus? Wird Feedback als Geschenk verstanden – oder als Angriff? Viele Teams geben sich Mühe, nett zu sein. Das ist menschlich. Doch Nettigkeit ist nicht automatisch Klarheit. Manchmal ist sie sogar ihr Gegenteil.

Ich habe einmal ein Team begleitet, in dem Konflikte immer im Flurfunk, nie im Meeting angesprochen wurden. Auf meine Frage, warum niemand den Elefanten im Raum benennt, antwortete eine Mitarbeiterin: „Wir sind ein sehr harmonisches Team. Wir wollen niemanden verletzen.“ Doch während sie das sagte, hatte sie Tränen in den Augen – vor Überlastung. Denn das, was unausgesprochen bleibt, verschwindet nicht. Es arbeitet im Verborgenen weiter.

Klarheit im Feedback bedeutet nicht, alles ungefiltert rauszuhauen. Sondern: Unterschiedliche Perspektiven ehrlich anzusprechen – in einer Atmosphäre des gegenseitigen Respekts. Es bedeutet, Feedback zu geben, das Mut macht – nicht klein. Und Feedback zu empfangen, ohne gleich zuzumachen. Das beginnt bei dir. Wenn du als Führungskraft selbst um Feedback bittest – offen, ehrlich – und es nicht sofort rechtfertigst, sondern dankbar aufnimmst, setzt du den Ton. Du schaffst einen Raum, in dem Feedback normal wird. Nicht die Ausnahme, sondern die Regel.

Ich erinnere mich an eine Führungskraft, die nach jedem Projektabschluss ihr Team fragte: „Was war klar? Was war unklar? Und was hättet ihr euch anders gewünscht?“ Anfangs war die Rückmeldung zurückhaltend. Doch nach drei Durchläufen entstand Vertrauen. Die Teammitglieder erkannten: Hier darf man sagen, was ist. Und: Es wird nicht gegen einen verwendet. Genau das ist Führung in Klarheit.

Klarheit im Team entsteht nicht durch einmalige Ansagen. Sondern durch Rituale. Reflexion. Wiederholung. Teams, die regelmäßig innehalten und sich fragen: Was läuft gut? Wo hakt es? Wo fehlt Klarheit? – entwickeln sich weiter.

Manche Teams arbeiten mit „Team-Charts“, auf denen Verantwortlichkeiten, Kommunikationswege und Entscheidungsregeln sichtbar sind. Andere nutzen kurze Feedbackrunden nach Meetings. Oder führen monatliche Reflexionsgespräche. Entscheidend ist nicht das Format –

sondern die Haltung: Klarheit ist ein fortlaufender Aushandlungsprozess.

Und ja: Das braucht Mut. Denn manchmal zeigt sich dabei, dass Dinge lange geschwommen sind. Dass nicht jeder gleich offen ist. Dass Verletzungen im Raum stehen. Doch gerade dann lohnt es sich.

Klarheit heilt. Nicht immer sofort – aber spürbar. Sie reduziert Flurfunk. Sie fördert Vertrauen. Und sie gibt deinem Team das, was es in unsicheren Zeiten am meisten braucht: Verlässlichkeit.

Denn ein Team, das in Klarheit miteinander verbunden ist, wird nicht nur leistungsfähiger – es wird resilienter. Es kann Spannungen austragen, statt sie zu verdrängen. Es kann Verantwortung teilen, statt sie zu verschieben. Und es kann wachsen – weil es ehrlich mit sich ist.

Wenn du willst, dass dein Team klarer wird, fang bei dir an. Sprich klar. Höre zu. Fordere Verantwortung ein – mit Respekt. Gib Feedback – und bitte darum. Und: Bleib dran. Klarheit ist kein Ziel. Sie ist ein Weg – den ihr gemeinsam geht.

„Wenn du dich selbst kennst, wirst du nicht verwirrt. Wenn du andere kennst, wirst du nicht in Konflikt geraten."

- Laotse

Kapitel 12 : Emotionale Intelligenz und Klarheit

Klarheit ist nicht bloß ein Produkt des Verstandes. Sie ist zutiefst emotional. Wer klar führen will, muss fühlen können – sich selbst und andere. Denn Klarheit ohne emotionale Intelligenz ist hart, manchmal sogar kalt. Umgekehrt kann emotionale Intelligenz ohne Klarheit ins Unklare abdriften, ins Vage, ins Harmoniesüchtige. Erst beides zusammen ergibt eine kraftvolle, wirksame Form der Führung.

Emotionale Intelligenz beschreibt die Fähigkeit, eigene Gefühle wahrzunehmen, sie zu regulieren, zwischenmenschliche Signale zu deuten und zugleich empathisch mit den Gefühlen anderer umzugehen. Sie umfasst die vier Kernkompetenzen: Selbstwahrnehmung, Selbstregulation, soziale Wahrnehmung (Empathie) und Beziehungsmanagement. In ihrer Tiefe ist emotionale Intelligenz kein weiches Add-on, sondern ein harter Erfolgsfaktor – für Führung, Zusammenarbeit und persönliche Wirksamkeit. Studien belegen: Führungskräfte mit hoher emotionaler Intelligenz sind erfolgreicher, resilienter und werden häufiger als authentisch wahrgenommen.

Klarheit beginnt mit einem ehrlichen Blick nach innen. Wie oft reagieren wir, ohne zu merken, was in uns wirkt? Wie häufig überdecken rationale Erklärungen tieferliegende Gefühle – wie Angst, Unsicherheit oder Wut?

Ich erinnere mich an eine Situation, in der ich ein schwieriges Mitarbeitergespräch führen musste. Die Fakten waren klar, das Verhalten des Mitarbeiters war wiederholt grenzüberschreitend. Doch etwas in mir zögerte. Ich merkte: Es war nicht nur das Verhalten des Mitarbeiters, das mich bewegte. Es war mein eigener Ärger – und meine Angst, zu hart zu wirken. Erst als ich mir beides eingestand, konnte ich das Gespräch wirklich führen – klar, aber nicht kühl. Ich sagte: "Ich merke, dass mich diese Situation auch persönlich bewegt. Und gerade deshalb ist es mir wichtig, dass wir offen sprechen."

Emotionale Intelligenz bedeutet nicht, Gefühle zu verstecken – sondern sie zu führen. Sie sichtbar zu machen, ohne andere zu erdrücken. Und sie in die Sprache zu bringen – so, dass sie Verbindung stiften, nicht Distanz schaffen. Wer das übt, wird zunehmend souverän – auch in komplexen, emotional aufgeladenen Situationen. Es braucht die Fähigkeit, die eigenen Gefühle in Worte zu fassen, bevor sie sich als Verhalten entladen.

Führung ist voll von Reizen: Kritik, Druck, schlechte Nachrichten, unausgesprochene Erwartungen. Die entscheidende Frage ist: Wie reagierst du? Emotional intelligente Führungskräfte nutzen den Raum zwischen Reiz und Reaktion. Sie lassen sich nicht treiben – sondern gestalten. Sie halten inne. Und sie entscheiden bewusst, was jetzt dran ist.

Diese Fähigkeit ist trainierbar. Sie erfordert Achtsamkeit – und das Üben von Selbstführung. Klarheit ist kein Reflex, sondern eine Entscheidung. Und diese Entscheidung braucht emotionale Bodenhaftung: Wer spürt, was in ihm selbst vorgeht, kann viel klarer äußern, was er vom Gegenüber braucht. Innere Klarheit schafft äußere Klarheit.

Ein Beispiel: In einem Transformationsprozess wurde ein Bereichsleiter heftig kritisiert – öffentlich, von Kolleg:innen. Seine erste Reaktion war Rückzug. Doch statt sich zu verschließen, suchte er aktiv das Gespräch. Er sagte: „Ich habe gemerkt, dass mich die Kritik getroffen hat. Und genau deshalb möchte ich verstehen, was euch wichtig ist."

Das war keine Schwäche. Es war emotionale Klarheit. Und sie öffnete den Raum für ein Gespräch auf Augenhöhe. Genau das ist die Kraft emotional intelligenter Führung: Sie verbindet, wo andere trennen würden.

Ein weiteres Beispiel stammt aus einem Workshop mit Nachwuchsführungskräften. Eine Teilnehmerin schilderte, wie sie während eines Projektmeetings unterbrochen und übergangen wurde. Statt sich sofort zu rechtfertigen, blieb sie kurz still, atmete bewusst durch und sagte dann ruhig: „Ich merke gerade, dass ich irritiert bin, weil mein Gedanke noch nicht zu Ende war." Die Reaktion im Raum: Achtsamkeit. Die Wirkung: ein neuer Ton. Klarheit durch emotionale Präsenz.

Teams spüren sehr genau, ob eine Führungskraft innerlich sortiert ist – oder nicht. Unausgesprochene Spannungen, unauthentische Statements, unreflektierte Reaktionen: All das sendet Signale. Und diese Signale entscheiden darüber, ob Menschen Vertrauen aufbauen – oder Schutzmechanismen aktivieren.

Emotionale Intelligenz befähigt dich, diese Signale wahrzunehmen. Sie hilft dir, nicht nur auf Worte zu achten, sondern auf Tonfall, Körpersprache, unausgesprochene Bedürfnisse. Und: Sie macht dich selbst lesbarer. Denn wer klar mit sich selbst ist, strahlt Klarheit aus – ohne viel sagen zu müssen.

Ich erinnere mich an eine Führungskraft, die in einem Teammeeting auf eine emotional aufgeladene Situation nicht mit Argumenten reagierte, sondern sagte: „Ich sehe, dass das gerade bei einigen viel auslöst. Lasst uns kurz durchatmen und dann offen miteinander sprechen.“ Dieser Moment der emotionalen Präsenz schuf mehr Vertrauen als jede rationale Erklärung.

In einem anderen Team zeigte sich emotionale Klarheit darin, dass eine Leiterin regelmäßig „Emotions-Check-ins“ einführte – zwei Minuten zu Beginn jedes Meetings, in denen jede:r mit einem Wort beschreiben konnte, wie er oder sie gerade da ist. Anfangs belächelt, später hoch geschätzt. Warum? Weil dadurch Raum entstand – für echtes Miteinander.

Emotionale Intelligenz bedeutet nicht, ständig für alle mitzufühlen. Sie bedeutet auch: zu wissen, wo deine Grenzen sind. Manchmal verwechseln wir emotionale Offenheit mit Selbstaufgabe. Doch echte Klarheit braucht Abgrenzung. Denn nur, wer sich selbst spürt, kann stimmig führen.

Gerade empathische Führungskräfte tappen schnell in die Falle des "emotionalen Overload". Sie nehmen alles auf, wollen für alle da sein – und verlieren sich dabei selbst. Emotionale Intelligenz schützt davor. Sie befähigt dich, empathisch zu sein – ohne dich zu verlieren. Du kannst mitfühlen, ohne mitzuleiden. Du kannst Verständnis zeigen, ohne Verantwortung zu übernehmen, die nicht deine ist. Ein Coach sagte einmal: "Wenn du bei einem anderen die Last tragen willst, frag dich zuerst: Ist das wirklich mein Rucksack?" Diese Frage schafft Klarheit – emotional und in der Führung. Sie zeigt: Verantwortungsübernahme und emotionale Intelligenz müssen im Gleichgewicht bleiben.Klarheit ist keine rein kognitive Angelegenheit. Sie lebt von deiner inneren Aufgeräumtheit. Von deiner Fähigkeit, Gefühle wahrzunehmen, zu reflektieren – und zu führen. Emotionale Intelligenz ist dabei dein innerer Kompass. Sie hilft dir, in turbulenten Zeiten bei dir zu bleiben. Sie macht dich verständlich – und macht andere sichtbar.Wer emotional intelligent führt, ist nicht immer bequem – aber immer glaubwürdig. Denn Klarheit ohne Gefühl ist kalt. Und das Gefühl ohne Klarheit ist diffus. Beides zusammen? Ist kraftvoll, wahrhaftig – und wirkt nachhaltig. Und letztlich gilt: Wer mit emotionaler Intelligenz führt, führt mit Menschlichkeit – und schafft Raum für echtes Wachstum.

„Der Weg entsteht, indem man ihn geht.“

\- Antonio Machado

Kapitel 13: Dein klarer Weg nach vorn

Trotz geschlossener Türen den eigenen Weg gehen. Ich habe Türen gesehen, die sich ohne Vorwarnung geschlossen haben. Gespräche, die gut liefen – bis sie plötzlich abbrachen. Kooperationen, die hoffnungsvoll begannen – bis sie wortlos endeten. Früher dachte ich: Ich muss mehr leisten, mehr überzeugen, mehr anpassen. Heute weiß ich: Nicht jede Tür, die sich schließt, ist eine Niederlage. Manchmal ist sie ein Schutz. Manchmal ein Wegweiser. Und manchmal eine stille Erinnerung: Bleib bei dir. Deine Richtung stimmt – auch wenn andere sie nicht mitgehen. Führung heißt für mich heute: nicht kämpfen, nicht klammern, nicht korrigieren. Sondern stehen. Klar. Und bedacht. Vielleicht hast du beim Lesen dieses Buches festgestellt, dass du nicht neu anfangen musst. Dass du bereits führst – auf deine Weise. Vielleicht leiser. Vielleicht zurückhaltender. Vielleicht nicht immer sichtbar. Und doch mit Wirkung. Was du brauchst, ist kein neuer Stil. Kein neues Konzept. Kein perfektes Rollenmodell. Was du brauchst, ist Vertrauen – in dich, in deine Klarheit, in deine Haltung. Klar führen heißt nicht, alles im Griff zu haben. Es heißt, dich selbst ernst zu nehmen.Es heißt, Entscheidungen zu treffen – auch wenn sie unbequem sind. Es heißt, dich zuzumuten – mit deiner Präsenz, deinen Grenzen, deinem Maßstab. Diese Form der Führung braucht keine

Inszenierung. Sie braucht Bewusstsein. Und sie braucht die Bereitschaft, sich nicht ständig zu vergleichen – sondern sich immer wieder zu verankern.

Ein Klient, Mitte fünfzig, langjährig in leitender Position, stand an einem beruflichen Wendepunkt. Der Vorstand seines Unternehmens hatte gewechselt, die Kultur veränderte sich spürbar – Tempo vor Tiefe, Anpassung statt Haltung. In einem unserer ersten Gespräche sagte er: *„Ich habe mich mein Leben lang mit dem Unternehmen identifiziert. Aber jetzt habe ich das Gefühl, ich passe nicht mehr hinein. Und ich frage mich: Bleibe ich – oder gehe ich?“* Was folgte, war keine schnelle Entscheidung. Sondern ein Prozess. Ein Ringen mit Loyalität, Identität, Verantwortung. Und der Frage:

„Was bleibt von mir, wenn das Umfeld sich verändert?“

Wir arbeiteten in mehreren Sitzungen mit innerer Klärung. Nicht mit Pro-Contra-Listen – sondern mit tiefer Selbstbefragung:

- Wofür stehe ich – jenseits meines Titels?
- Was will ich wirklich noch bewirken?
- Wo liegt meine Integrität – auch wenn es unbequem wird?

In einem entscheidenden Moment sagte er: *„Ich habe zu lange gewartet, dass sich das Außen wieder gut anfühlt. Aber vielleicht geht es darum, dass ich mich im Inneren wieder spüre – und von dort entscheide.“* Dieser Perspektivwechsel war der Durchbruch. Er kündigte nicht überstürzt. Sondern entwickelte einen klaren Übergangsplan. Sprach mit seinem Team offen über die Veränderung. Und ging mit erhobenem Kopf. Nicht als Verlierer – sondern als jemand, der sich für Klarheit entschieden hatte. Ein halbes Jahr später übernahm er eine neue Rolle in einem kleineren Unternehmen – mit weniger Prestige, aber mehr Sinn. Er schrieb mir: *„Ich habe mich getraut, meinem eigenen Kompass zu folgen. Und ich merke: Ich bin angekommen – bei mir selbst.“* Dieser Weg war kein einfacher. Aber er war klar. Denn Klarheit ist kein Ziel, das man einmal erreicht und dann besitzt. Sie ist eine Haltung, die sich immer wieder neu bewähren muss – gerade an den Weggabelungen des Lebens. Der klare Weg nach vorn ist selten der bequemste. Aber er ist der, auf dem man sich selbst nicht verliert.

Der Weg nach vorn ist kein lauter. Er ist nicht gepflastert mit schnellen Lösungen oder glatten Erfolgen. Er ist geprägt von innerer Arbeit. Von Selbstführung. Von Klarheit, die du dir immer wieder neu erarbeitest. Es wird Tage geben, an denen du zweifelst. An denen du dich hinterfragst. Unsicher bist. Denkst, dass andere es besser machen. Genau dann kommt es darauf an, dich nicht zu verlieren – sondern dich zu erinnern: an das, was dich trägt. An das, was dich ausmacht. An das, was dir Richtung gibt. Du darfst anders führen. Du darfst langsamer gehen, wenn andere hetzen. Du darfst Nein sagen, wenn andere zustimmen. Du darfst klar auftreten – auch wenn du nicht laut bist. Und du darfst sichtbar werden – aber nur, wenn es deiner Haltung entspricht. Nicht, weil du glaubst, es zu müssen. Führung ist kein Wettbewerb. Sie ist ein Ausdruck deiner Persönlichkeit. Und diese Persönlichkeit ist genug.

Schlusswort

Vielleicht hast du dich beim Lesen dieses Buches an manchen Stellen wiedergefunden. Vielleicht auch herausgefordert gefühlt. Vielleicht hast du genickt, geschmunzelt – oder geschwiegen. So oder so: Du hast dich eingelassen. Auf einen inneren Dialog. Und damit beginnt alles. Denn Klarheit entsteht nicht im Außen. Sie wächst in dir. Still. Schritt für Schritt. Mit jeder Entscheidung, die du bewusst triffst. Mit jedem Nein, das du dir erlaubst. Mit jedem Ja, das aus Überzeugung kommt – nicht aus Angst, nicht aus Pflichtgefühl.

Führung braucht keine Inszenierung. Führung braucht Integrität.

Und Integrität beginnt dort, wo du bereit bist, hinzuschauen: auf deine eigenen Muster, Ängste, Sehnsüchte. Auf deine Haltung gegenüber anderen – und dir selbst. Dieses Buch will dich nicht verändern. Es will dich erinnern. An das, was längst in dir ist: deine Fähigkeit, dich selbst zu führen. Deine Fähigkeit, klar zu kommunizieren. Grenzen zu setzen. Präsenz zu zeigen. Zuhören zu können, ohne dich zu verlieren. Entscheidungen zu treffen, ohne dich zu verhärten. Du musst nicht perfekt sein, um klar zu führen. Du musst auch nicht alles wissen. Aber du brauchst den Mut, ehrlich mit dir zu sein. Und die Bereitschaft, **Verantwortung für deinen Einfluss** zu übernehmen.

Führung wird oft mit Druck verbunden. Mit Last. Mit Erwartungen. Aber was wäre, wenn Führung auch Leichtigkeit bedeuten darf? Wenn sie ein Ausdruck deiner Persönlichkeit sein darf – statt eine Rolle, die du spielst? Dann würdest du nicht nur andere führen, sondern auch inspirieren. Nicht nur anleiten, sondern einladen. Nicht nur Verantwortung übernehmen – sondern Wirkung entfalten. Vielleicht wirst du nach diesem Buch ein paar Dinge anders sehen. Vielleicht wirst du beginnen, im Alltag bewusster hinzuhören. Weniger zu tun – und mehr zu sein. Vielleicht wirst du einen Moment innehalten, bevor du sprichst. Und vielleicht wirst du irgendwann erkennen, dass die wichtigste Person, der du Führung gibst, du selbst bist. Ich glaube nicht an fertige Antworten. Aber ich glaube an Fragen, die etwas in Bewegung setzen.

Was willst du wirklich? Was braucht deine Klarheit – jetzt, heute, in diesem Moment? Und wer wirst du, wenn du dir selbst vertraust?

Die Welt braucht keine weitere Führungskraft, die Konzepte auswendig lernt. Sie braucht Menschen, die echt sind. Wach. Reflektiert. Klar. Vielleicht bist du einer davon.

Danke, dass du dich auf diesen Weg eingelassen hast. Dein Weg beginnt nicht mit diesem Buch – aber vielleicht ein neuer Abschnitt davon. Bleib bei dir. Führe klar. Und wenn du fällst: steh auf, justiere deine Haltung – und geh weiter.

Mit allem Respekt für deinen Weg,

Christian

Anhang

Reflexionsimpulse & Übungen pro Kapitel

Kapitel 1 - Die Kraft der Klarheit

Klarheit beginnt in dir. Dieses Kapitel hat dich eingeladen, deine innere Haltung zu erforschen. Was heißt es für dich, klar zu führen - nicht für andere, sondern für dich selbst?

Reflexionsfragen:

1. In welchen Momenten spüre ich Klarheit besonders deutlich in mir?
2. Was raubt mir am häufigsten diese Klarheit?
3. Welche Denk- oder Verhaltensmuster möchte ich bewusst loslassen, um klarer zu handeln?

Praxisimpuls:

Schreibe eine kurze Selbstdefinition: „Ich führe klar, wenn ich ..." Lies sie dir regelmäßig vor – als tägliche Erinnerung an deine innere Führung.

Übungen:

1. Dein Klarheitsfenster

Nimm dir ein ruhiges Zeitfenster von 15 Minuten. Stell dir vor, du schaust durch ein Fenster – auf dein aktuelles berufliches Umfeld. Welche Situationen wirken klar? Wo bist du innerlich bei dir, souverän, eindeutig? Und wo wird das Bild verschwommen – durch Unsicherheit, Anpassung, Erwartung? Notiere dir drei Situationen, in denen du Klarheit gelebt hast – und drei, in denen du sie verloren hast. Was war jeweils der Unterschied?

2. Der innere Wertecheck

Schreibe fünf Werte auf, die dir im Leben und in der Führung wichtig sind. Lies dir jeden einzelnen laut vor und spüre nach, ob du ihn derzeit wirklich lebst – oder eher vertrittst, ohne ihn umzusetzen. Markiere den einen Wert, bei dem du die größte Diskrepanz zwischen Ideal und Praxis spürst. Was hält dich zurück, diesen Wert klarer zu leben? Und was wäre ein erster Schritt in Richtung Integrität?

3. Klarheit im Alltag verankern

Wähle einen Tag in der kommenden Woche, an dem du ganz bewusst auf Klarheit achtest – in deiner Sprache, deinen Entscheidungen, deiner Haltung. Beobachte dich: Sprichst du klar oder weichzeichnend? Sagst du, was du wirklich meinst – oder weichst du aus? Am Abend dieses Tages nimm dir 10 Minuten Zeit und beantworte schriftlich: Wo war ich heute besonders klar? Was hat es verändert – für mich, für andere?

Kapitel 2 - Klar bleiben, auch wenn es laut wird

Klarheit zeigt sich besonders unter Druck. In stressigen Situationen ist es leicht, die eigene Mitte zu verlieren. Dieses Kapitel hat dir Möglichkeiten aufgezeigt, mit Druck bewusst umzugehen.

Reflexionsfragen:

1. Wann bin ich zuletzt emotional aus meiner Klarheit gefallen – und was war der Auslöser?
2. Wie reagiere ich auf äußeren Lärm (z. B. Erwartungen, Tempo, Konflikte)?
3. Was hilft mir, in solchen Momenten bei mir zu bleiben?

Praxisimpuls:

Führe ein 7-Tage-Klarheitsjournal: Notiere jeden Abend einen Moment, in dem du unter Druck bewusst klar geblieben bist – oder nicht. Welche Muster erkennst du?

Übungen:

1. Deine Reaktionsmuster entschlüsseln

Denke an eine konkrete Situation in den letzten Wochen, in

der du unter Druck geraten bist oder mit lauten, fordernden Stimmen konfrontiert wurdest. Nimm dir Zeit und beschreibe genau, was passiert ist – außen und innen. Was war dein erster Impuls? Wie hast du reagiert – und warum? Was hättest du gebraucht, um bei dir zu bleiben? Diese Übung hilft dir, deine inneren Automatikprogramme zu erkennen und ihnen Klarheit entgegenzusetzen.

2. Die 3-Minuten-Zentrierung

Übe in stressigen Momenten eine kurze mentale Rückkehr zu dir selbst. Schließe, wenn möglich, für drei Minuten die Augen oder richte deinen Blick bewusst nach innen. Spüre deinen Atem, deine Körperhaltung, nimm wahr, was gerade in dir vorgeht – ohne zu bewerten. Dann stelle dir innerlich die Frage: „Was ist jetzt wirklich wichtig?" Führe diese Übung mehrmals in der Woche durch – besonders dann, wenn es laut wird.

3. Dein Klarheitsanker im Alltag

Wähle ein Symbol, einen Gegenstand oder ein Wort, das für dich persönlich Klarheit verkörpert – vielleicht ein Stein, ein bestimmter Stift oder ein Begriff wie „Standhaft" oder „Zentriert". Platziere diesen Anker sichtbar an deinem Arbeitsplatz oder trage ihn bei dir. Jedes Mal, wenn du ihn siehst oder berührst, erinnere dich: Du darfst ruhig bleiben, auch wenn es außen tobt. Du musst nicht mitrennen, um präsent zu sein.

Kapitel 3 - Empathie beginnt bei dir

Selbstempathie ist der Anfang jeder echten Verbindung. Wer sich selbst nicht versteht, kann andere kaum führen. Dieses Kapitel hat dich zurück zu dir selbst geführt.

Reflexionsfragen:

1. Wie spreche ich innerlich mit mir, wenn ich einen Fehler mache?
2. Wo bin ich besonders hart mit mir – und warum?
3. Was würde sich verändern, wenn ich mir selbst mit mehr Mitgefühl begegnete?

Praxisimpuls:

Schreibe dir einen kurzen inneren Satz auf, den du in schwierigen Momenten wiederholst, z. B.: „Ich bin genug. Ich darf lernen. Ich darf wachsen."

Übungen:

1. Selbstgespräch mit dir in schwierigen Momenten
Erinnere dich an eine Situation, in der du einen Fehler gemacht oder dich stark kritisiert hast. Schreibe auf, was du damals innerlich zu dir gesagt hast. Dann schreibe denselben

Moment noch einmal auf – diesmal aus der Sicht einer verständnisvollen, unterstützenden Stimme in dir. Was würdest du dir sagen, wenn du dein bester Freund oder deine beste Freundin wärst?

2. Deine Grenzen erkunden – achtsam, nicht hart

Nimm dir eine Woche lang jeden Tag 10 Minuten Zeit, um dir zu notieren: Wo habe ich heute meine eigenen Grenzen gespürt – körperlich, emotional, gedanklich? Und wie bin ich damit umgegangen? Habe ich sie übergangen, ignoriert oder respektiert?

3. Altes loslassen, Neues zulassen

Notiere drei Glaubenssätze über dich selbst, die dich hart mit dir umgehen lassen (z. B. „Ich darf keine Schwäche zeigen“). Lies sie dir laut vor – und entscheide, welche du loslassen willst. Ersetze sie durch empathischere, unterstützende Sätze. Hänge einen davon sichtbar auf – als tägliche Erinnerung.

Kapitel 4 - Grenzen setzen mit Würde

Grenzen zu setzen ist kein Akt der Trennung, sondern der Selbstachtung. Dieses Kapitel hat dir gezeigt, wie du dich positionierst – ohne dich zu verlieren.

Reflexionsfragen:

1. In welchen Situationen fällt es mir schwer, klar Nein zu sagen – und warum?
2. Wo habe ich mich zuletzt übergangen – aus Angst, andere zu enttäuschen?
3. Was bedeutet eine gesunde Grenze für mich als Führungskraft?

Praxisimpuls:

Wähle eine konkrete Situation in der kommenden Woche, in der du eine klare Grenze setzen willst – und tue es bewusst. Notiere, wie es dir dabei ging.

Übungen:

1. Deine persönlichen Grenzlandkarten erstellen

Wähle drei zentrale Lebensbereiche – z. B. Arbeit, Familie, Freundschaften – und zeichne symbolische Karten. Markiere:

Wo fühle ich mich sicher? Wo verschwimmen meine Grenzen? Wo werden sie überschritten – und von wem?

2. Die stille Grenze: Ein Gespräch vorbereiten

Denke an eine Situation, in der du gerne klarer gewesen wärst. Schreibe auf, was du heute sagen würdest – in Klarheit und mit Würde. Kein Vorwurf. Nur deine Haltung. Du musst das Gespräch nicht führen – aber innerlich aussprechen verändert schon deine Präsenz.

3. Mikromomente der Selbstachtung trainieren

Achte eine Woche lang auf kleine Situationen, in denen du eine Mini-Grenze setzen kannst: eine Pause, ein bewusstes Nein, ein Gespräch beenden. Halte täglich fest: Was war mein Moment der Selbstachtung heute? Wie hat es sich angefühlt?

Kapitel 5 - Einfluss durch Integrität

Klarheit in der Führung bedeutet auch, nach innen und außen integer zu handeln. Dieses Kapitel hat dich dazu eingeladen, deinen Einfluss durch innere Stimmigkeit zu gestalten.

Reflexionsfragen:

1. In welchen Situationen spüre ich einen inneren Wertekonflikt – und wie gehe ich damit um?
2. Wo habe ich in letzter Zeit bewusst integritätsgeleitet entschieden?
3. Was bedeutet Einfluss durch Integrität für meine Führungsrolle?

Praxisimpuls:

Beobachte in dieser Woche eine Entscheidungssituation. Frage dich: Was wäre die stimmigste Entscheidung – auch wenn sie unbequem ist?

Übungen:

1. Dein Wertekompass in Aktion

Notiere fünf Werte, die dir in deiner Führung wichtig sind – z. B. Ehrlichkeit, Verantwortung, Fairness, Mut,

Verlässlichkeit. Wähle eine konkrete Entscheidung oder Situation der letzten Woche, bei der du gezögert hast. Welcher deiner Werte war berührt? Hast du im Einklang mit ihm gehandelt – oder nicht? Was hätte Integrität in diesem Moment bedeutet?

2. Integritäts-Tagebuch führen

Nimm dir für sieben Tage jeden Abend fünf Minuten Zeit und beantworte zwei Fragen: 1) Wo war ich heute besonders stimmig im Denken, Fühlen und Handeln? 2) Wo habe ich gegen meine Überzeugung gehandelt – und warum? Beobachte Muster – nicht, um dich zu bewerten, sondern um bewusster zu werden.

3. Die stille Kraft der Vorbildwirkung

Beobachte dich einen Tag lang so, als würde dir jemand wohlwollend zusehen. Achte auf deine Körpersprache, deine Entscheidungen, dein Verhalten in Spannung. Frage dich abends: Wenn ich heute jemandem Vorbild gewesen wäre – was hätte diese Person gelernt?

Kapitel 6 - Tiefe statt Taktik

Wirkungsvolle Führung entsteht nicht durch Techniken, sondern durch Haltung und Echtheit. Dieses Kapitel hat dich eingeladen, deine Führungspräsenz neu zu betrachten – jenseits von Methoden.

Reflexionsfragen:

1. In welchen Momenten spüre ich in Gesprächen echte Verbindung – und wodurch entsteht sie?
2. Wann verliere ich mich in Funktion oder Rolle – und was macht das mit mir?
3. Was heißt für mich: aus Tiefe heraus führen?

Praxisimpuls:

Wähle ein Gespräch in dieser Woche, in dem du bewusst aus Echtheit heraus agieren willst. Nimm dir danach Zeit zur Selbstbeobachtung: Wie war die Qualität der Verbindung – zu dir und zum Gegenüber?

Übungen:

1. Echtheits-Check im Gespräch

Wähle ein Gespräch aus deinem Alltag. Frage dich danach:

Habe ich aus Echtheit oder aus Funktion gesprochen? War ich präsent – oder innerlich schon beim nächsten Termin? Wiederhole diesen Check regelmäßig – so wächst dein Gespür für echte Verbindung.

2. Dein Resonanz-Moment der Woche

Blicke zurück: Was war dein Moment echter Resonanz? Vielleicht ein Satz, ein Blick, eine Geste. Notiere, was ihn besonders gemacht hat. Welche Haltung hattest du? Wie kannst du diese Präsenz kultivieren – nicht als Technik, sondern als Echtheit?

3. Die Maske ablegen - ein Experiment

Wähle eine Situation, in der du normalerweise besonders kontrolliert oder „richtig" bist. Erlaube dir dort einen Moment ehrlicher Menschlichkeit: ein persönlicher Gedanke, ein echtes Innehalten. Beobachte, wie sich dein Gegenüber verändert – und wie du dich selbst dabei erlebst.

Kapitel 7 - Unsichtbar führen, sichtbar wirken

Führung zeigt sich oft in leisen Momenten. Dieses Kapitel hat dich eingeladen, die Wirkung deiner Präsenz unabhängig von Lautstärke oder Sichtbarkeit neu zu verstehen.

Reflexionsfragen:

1. In welchen Momenten wirke ich besonders stark – ohne laut zu sein?
2. Wo unterschätze ich meine stille Wirkung – und warum?
3. Wie möchte ich künftig sichtbar(er) werden – ohne mich zu verbiegen?

Praxisimpuls:

Beobachte eine Alltagssituation, in der du bewusst still bleibst – und trotzdem wirkst. Notiere, wie du dich dabei gefühlt hast und welche Reaktionen du wahrgenommen hast.

Übungen:

1. Unsichtbare Wirkung sichtbar machen

Notiere am Ende der Woche drei Momente stiller, aber wirksamer Führung: Vielleicht hast du jemandem Raum gegeben, ohne es zu betonen. Vielleicht hast du durch Haltung Orientierung gegeben. Mach dir bewusst: Wirkung beginnt dort, wo du präsent bist – nicht erst, wenn du sichtbar wirst.

2. Sichtbarkeit nach deinem Maß

Gestalte ein „Sichtbarkeitsbarometer": Skaliere von 0 (unsichtbar) bis 10 (volle Bühnenpräsenz), wo du dich in der letzten Woche befunden hast – und wie wohl du dich dabei gefühlt hast. Was ist deine ideale Sichtbarkeit? Wann fühlst du dich echt – nicht angepasst?

3. Leise Führung bewusst einsetzen

Wähle eine typische „laute" Führungssituation – z. B. eine Präsentation oder ein Konfliktgespräch. Setze dir die Intention, durch stille Klarheit zu wirken. Kein Druck, kein Dominieren – nur Präsenz. Beobachte, was sich verändert – im Raum, in dir, im Ergebnis.

Kapitel 8 - Vertrauen führen

Vertrauen beginnt bei dir – in dein Können, dein Urteilsvermögen, deine Wirkung. Dieses Kapitel hat dich eingeladen, Vertrauen als innere Haltung und als Führungsprinzip zu verstehen.

Reflexionsfragen:

1. In welchen Momenten vertraue ich mir wirklich – und woran merke ich das?
2. Wann beginne ich zu kontrollieren, obwohl Vertrauen hilfreicher wäre?
3. Wem schenke ich Vertrauen – und wem entziehe ich es vielleicht vorschnell?

Praxisimpuls:

Wähle eine kleine, alltägliche Situation, in der du bewusst Vertrauen statt Kontrolle praktizierst. Beobachte: Was verändert sich dadurch – in dir und im Miteinander?

Übungen:

1. Selbstvertrauen erforschen

Nimm dir zehn Minuten ungestörte Zeit und beantworte

schriftlich: In welchen Situationen vertraue ich mir uneingeschränkt – und warum? In welchen Momenten zweifle ich – und was liegt diesen Zweifeln zugrunde? Diese Übung macht dir bewusst, wie sehr dein Selbstvertrauen deine Führung beeinflusst – und wo du es noch stärken kannst.

2. Vertrauensbotschaft senden

Wähle eine Person in deinem Umfeld, der du zuletzt wenig aktives Vertrauen gezeigt hast – vielleicht unbewusst. Finde eine Möglichkeit, dieser Person in den kommenden Tagen eine klare Vertrauensbotschaft zu senden: durch eine bewusste Entscheidung, ein Gespräch oder einen Satz wie: „Ich weiß, dass du das gut machst." Beobachte, wie sich eure Beziehung verändert – und was es mit dir macht.

3. Misstrauensmuster erkennen

Denk an eine Situation, in der du das Gefühl hattest, nicht ganz vertrauen zu können. Was war der Auslöser? Welche Gedanken hattest du? Wie hast du gehandelt – Kontrolle, Rückzug, Absicherung? War das Verhalten von Misstrauen oder von gesunder Verantwortung geprägt? Erkenne Muster – und finde neue Spielräume zwischen Kontrolle und Vertrauen.

Kapitel 9 - Innere Unabhängigkeit

Innere Unabhängigkeit ist ein stiller Akt der Selbstachtung. Dieses Kapitel hat dich eingeladen, dich von äußeren Erwartungen zu lösen und deinen eigenen Kurs zu finden.

Reflexionsfragen:

1. Welche äußeren Erwartungen beeinflussen mein Führungsverhalten am stärksten?
2. Wo verliere ich mich in Anpassung – und wann bleibe ich mir treu?
3. Was bedeutet für mich: unabhängig führen?

Praxisimpuls:

Wähle eine aktuelle Entscheidung, bei der du spürst, dass Erwartungen von außen mitschwingen. Triff sie bewusst – aus innerer Klarheit heraus.

Übungen:

1. Der Spiegel der Erwartungen

Notiere spontan die fünf Erwartungen, die du am häufigsten spürst – von außen. Neben jede Erwartung schreibe: „Ist das wirklich meine Aufgabe?" und „Was will ich stattdessen?" So erkennst du, wie äußere Anforderungen und innerer Druck sich vermischen – und wie du wieder klarer bei dir bleibst.

2. Dein innerer Kompass

Wähle eine aktuelle Entscheidung oder Herausforderung. Stelle dir drei Fragen: 1) Was würde ich tun, wenn niemand etwas dazu sagen würde? 2) Was, wenn ich keine Angst vor Ablehnung hätte? 3) Was, wenn ich nur mir selbst Rechenschaft ablegen müsste? Diese Reflexion stärkt deine innere Ausrichtung – jenseits von Anpassung.

3. Das Bestätigungsfasten

Starte ein kleines Experiment: Eine Woche ohne Rückversicherung. Versuche, keine Bestätigung einzuholen – weder verbal noch subtil. Sag dir stattdessen innerlich: „Ich weiß, warum ich das so mache." Beobachte, wann du Bestätigung suchst – und wann du ganz bei dir bleiben kannst.

Kapitel 10 - Widerstände gegen Klarheit

Klarheit ist ein Ideal – aber kein Selbstläufer. Dieses Kapitel macht sichtbar, warum viele Menschen Klarheit zwar wünschen, ihr aber gleichzeitig ausweichen: aus Angst vor Konflikten, aus Loyalität, aus innerem Zweifel. Führung in Klarheit beginnt oft da, wo Widerstände auftauchen.

Reflexionsfragen:

1. Welche inneren Widerstände spüre ich, wenn ich klar führen will?
2. In welchen Situationen weiche ich lieber aus, obwohl ich es besser wüsste?
3. Welche Strukturen in meinem Umfeld fördern Unklarheit – und warum?

Praxisimpuls:

Erkenne, dass Widerstände nicht das Ende deiner Klarheit sind – sondern ihr Trainingsfeld. Jedes „Unwohlsein“ kann ein Hinweis auf eine notwendige Entscheidung sein.

Übungen:

1. Dein klares Führungsbild

Schreibe für dich selbst auf, wie du führen möchtest – jenseits von Erwartungen und Modellen. Welche Werte prägen deinen Stil? Welche Haltung willst du leben? Welche Wirkung willst du entfalten? Halte das als Selbstvergewisserung fest – als Anker für deine Führung.

2. Rückblick mit Tiefenschärfe

Blicke auf die letzten sechs Monate: Welche Situationen hast du bewusst und klar gemeistert? Wo warst du du selbst – gegen den Mainstream, aber mit Haltung? Welche Rückmeldungen haben dich bestätigt? Nimm diese Momente ernst – als Erinnerung an deine stille Wirksamkeit.

3. Der nächste klare Schritt

Formuliere eine konkrete Entscheidung oder Veränderung, die du in den nächsten vier Wochen angehen willst – aus innerer Klarheit heraus. Ein Gespräch? Eine Grenze? Ein Standpunkt? Schreibe dazu: „Ich gehe diesen Schritt nicht, um zu gefallen – sondern um mir treu zu bleiben."

Kapitel 11 - Klarheit im Team: Sprache, Feedback, Verantwortung

Klar führen heißt auch: gemeinsam führen. In Teams zeigt sich Klarheit nicht nur in Entscheidungen, sondern auch in Sprache, Verantwortung und Umgang mit Feedback. Dieses Kapitel lädt dich ein, deine Wirkung im Miteinander bewusster zu gestalten.

Reflexionsfragen:

1. Wie klar bin ich in meiner Kommunikation – wirklich?
2. Wie spreche ich über Verantwortung – und wie gehe ich mit Fehlern um?
3. Was für eine Feedbackkultur pflege ich – bewusst oder unbewusst?

Praxisimpuls:

Achte in deinem Team für eine Woche auf drei Dinge: Wie sprichst du? Wie hörst du zu? Wie gehst du mit Verantwortung um? Notiere am Ende der Woche: Wo warst du klar – wo ausweichend – wo wachstumsfördernd?

Übungen:

1. Sprachbewusstsein im Alltag

Notiere eine Woche lang Sätze, die du in deinem Team sagst – besonders in herausfordernden Situationen. Welche Formulierungen fördern Klarheit? Welche weichen aus? Überlege, wie du deine Sprache bewusster einsetzen willst.

2. Feedback mutig ermöglichen

Bitte zwei Personen aus deinem Team um Feedback zur Frage: „Wo wünschst du dir mehr Klarheit von mir – in Worten, Entscheidungen oder Präsenz?" Nimm das Feedback nicht als Kritik, sondern als Wachstumsangebot.

3. Verantwortung klären

Wähle eine Situation, in der Verantwortung unklar war. Kläre sie im Team – offen, sachlich, gemeinsam. Schaffe ein Ritual oder eine Vereinbarung, wie Verantwortung in Zukunft sichtbar und verbindlich bleiben kann. Formuliere eine konkrete Entscheidung oder Veränderung, die du in den nächsten vier Wochen angehen willst – aus innerer Klarheit heraus. Ein Gespräch? Eine Grenze? Ein Standpunkt? Schreibe dazu: „Ich gehe diesen Schritt nicht, um zu gefallen – sondern um mir treu zu bleiben."

Kapitel 12 - Emotionale Intelligenz und Klarheit

Klarheit und emotionale Intelligenz sind keine Gegensätze – sie bedingen einander. Dieses Kapitel lädt dich ein, deine Gefühle nicht als Störfaktor, sondern als wertvolle Informationsquelle zu verstehen – für dich selbst und im Miteinander.

Reflexionsfragen:

1. Wie gut nehme ich meine eigenen Gefühle im Führungsalltag wahr?
2. Wann fällt es mir schwer, Emotionen zu benennen – bei mir oder anderen?
3. Wie beeinflusst mein emotionaler Zustand meine Klarheit in Entscheidungen?

Praxisimpuls:

Wähle eine Situation, in der du deine Gefühle oft „wegdrückst". Erlaube dir in dieser Woche, sie bewusst wahrzunehmen, zu benennen – und daraus klarer zu handeln.

Übungen:

1. Gefühlstagebuch führen

Notiere dir an drei aufeinanderfolgenden Tagen jeweils drei Situationen, in denen du eine Emotion gespürt hast – z. B. Ärger, Freude, Unsicherheit. Was war der Auslöser? Wie hast du reagiert? Welche Klarheit wäre möglich gewesen, wenn du das Gefühl bewusst zugelassen hättest?

2. Klar sprechen über Gefühle

Formuliere einen Satz, mit dem du in Zukunft deine Gefühle in Führungssituationen ehrlich, aber klar ausdrücken kannst – z. B.: „Ich merke, dass mich das gerade irritiert – und ich möchte es verstehen." Übe diesen Satz bewusst.

3. Die innere Ampel

Stelle dir bei herausfordernden Situationen innerlich eine Ampel vor: Rot = innehalten, Gelb = wahrnehmen, was du fühlst, Grün = erst dann sprechen oder entscheiden. Nutze diese Visualisierung, um emotional fundierte Klarheit zu fördern.

Kapitel 13 - Dein klarer Weg nach vorn

Klar führen heißt nicht, perfekt zu sein – sondern bei sich zu bleiben. Dieses Kapitel hat dich eingeladen, auf deine Entwicklung zurückzublicken und einen bewussten Schritt nach vorn zu gehen.

Reflexionsfragen:

1. Welche zentrale Erkenntnis nehme ich aus diesem Buch mit?
2. Was werde ich ab sofort anders machen – in meinem Führungsalltag?
3. Wie bleibe ich auch in drei Monaten noch auf meinem klaren Weg?

Praxisimpuls:

Formuliere dein persönliches Klarheitsversprechen: „Ich entscheide mich bewusst für eine Führung, die ...“ Hänge diesen Satz gut sichtbar in deinem Büro auf.

Übungen:

1. Dein klares Führungsbild

Schreibe für dich selbst auf, wie du führen möchtest – jenseits von Erwartungen und Modellen. Welche Werte prägen deinen Stil? Welche Haltung willst du leben? Welche Wirkung willst du entfalten? Halte das als Selbstvergewisserung fest – als Anker für deine Führung.

2. Rückblick mit Tiefenschärfe

Blicke auf die letzten sechs Monate: Welche Situationen hast du bewusst und klar gemeistert? Wo warst du du selbst – gegen den Mainstream, aber mit Haltung? Welche Rückmeldungen haben dich bestätigt? Nimm diese Momente ernst – als Erinnerung an deine stille Wirksamkeit.

3. Der nächste klare Schritt

Formuliere eine konkrete Entscheidung oder Veränderung, die du in den nächsten vier Wochen angehen willst – aus innerer Klarheit heraus. Ein Gespräch? Eine Grenze? Ein Standpunkt? Schreibe dazu: „Ich gehe diesen Schritt nicht, um zu gefallen – sondern um mir treu zu bleiben."

Weiterführende Literatur

1. **Goleman, Daniel (1998)**: *Emotional Intelligence: Why It Can Matter More Than IQ.*
   – Klassiker zur emotionalen Intelligenz, Grundlage für viele Führungsmodelle.

2. **Luthans, Fred & Avolio, Bruce J. (2003)**: *Authentic Leadership Development.* In: *Positive Organizational Scholarship.*
   – Begründung des Authentic Leadership-Konzepts: Selbstkenntnis, Werte, Integrität.

3. **Dweck, Carol S. (2006)**: *Mindset: The New Psychology of Success.*
   – Relevanz von innerer Haltung, Wachstumsdenken und Führung durch Selbstentwicklung.

4. **Brown, Brené (2018)**: *Dare to Lead: Brave Work. Tough Conversations. Whole Hearts.*
   – Forschung über Verletzlichkeit, Mut und klare Führung als Ausdruck innerer Stärke.

5. **Kets de Vries, Manfred (2006)**: *The Leader on the Couch: A Clinical Approach to Changing People and Organizations.*
– Tiefenpsychologischer Zugang zu Führung, Klarheit und Selbstreflexion.

6. **George, Bill (2003/2015)**: *Authentic Leadership / Discover Your True North.*
– Praxisnah und wissenschaftlich fundiert: Wertebasierte Selbstführung als Kern von Leadership.

7. **Edmondson, Amy (2014)**: *Teaming: How Organizations Learn, Innovate, and Compete in the Knowledge Economy.*
– Psychologische Sicherheit, Vertrauen und klare Führung in Teams.

8. **Scharmer, Otto (2009)**: *Theory U: Leading from the Future as It Emerges.*
– Tiefe Reflexion über Präsenz, Klarheit und Führung aus innerem Bewusstsein.

9. **Sutcliffe, Kathleen M. & Vogus, Timothy J. (2003)**: *Organizing for Resilience.*

– Führungsverhalten in unsicheren Zeiten – Klarheit, Achtsamkeit, Resilienz.

10. **Ryan, Richard M. & Deci, Edward L. (2000)**: *Self-determination theory and the facilitation of intrinsic motivation, social development, and well-being.* – Grundlage für Selbstführung, intrinsische Motivation und klare Werteorientierung.

„Leaders become great, not because of their power, but because of their ability to empower others.“

- John C. Maxwell

Danksagung

Dieses Buch ist nicht allein durch meine Gedanken entstanden – sondern durch Begegnungen, Gespräche und das Vertrauen vieler Menschen, die mich auf meinem Weg begleitet haben. Ich danke allen Führungspersönlichkeiten, die mir erlaubt haben, Einblicke in ihre Herausforderungen, ihre Klarheit und ihre Zweifel zu gewinnen. Ihr Mut, sich zu zeigen, hat dieses Buch erst lebendig gemacht. Meiner Familie und meinen engsten Vertrauten danke ich für ihr unerschütterliches Vertrauen, ihre Geduld und ihre liebevolle Präsenz – gerade in Momenten, in denen ich selbst nach Klarheit suchte.

Besonders danke ich meiner Frau, die mir mit ihrem feinen Gespür und ehrlichen Feedback oft den Spiegel vorgehalten hat – und mir dadurch geholfen hat, tiefer zu denken und klarer zu schreiben. Ein großes Dankeschön geht auch an all jene, die mit mir an der Idee empathischer, klarer Führung gearbeitet haben – sei es im Coaching, in Workshops, in stillen Gesprächen oder mutigen Debatten. Dieses Buch ist ein Ausdruck von vielen Stimmen, nicht nur meiner eigenen. Ich bin dankbar für jede einzelne.

Glossar

Abgrenzung

Abgrenzung ist kein Rückzug, sondern eine bewusste Form der Selbstachtung. Wer führt, wird täglich mit Anforderungen, Erwartungen und Dynamiken konfrontiert, die schnell überfordern können. Abgrenzung bedeutet hier: Klarheit darüber zu haben, wofür man verantwortlich ist – und wofür nicht. Sie schützt vor Selbstausbeutung, ermöglicht gesunde Führung und schafft Raum für Präsenz. Denn nur wer sich selbst nicht verliert, kann anderen Orientierung geben.

Authentizität

Authentisch zu führen bedeutet nicht, immer alles offenzulegen oder sich ungefiltert zu zeigen. Es bedeutet vielmehr, innerlich stimmig zu handeln – aus einer Haltung heraus, die nicht auf Rollen, Erwartungen oder Masken basiert, sondern auf eigenen Werten. Authentizität wirkt, weil sie echt ist. In der Führung schafft sie Vertrauen, weil Menschen spüren, dass sie es mit einer Person zu tun haben, nicht nur mit einer Funktion.

Balance

Führung ist kein Entweder-oder, sondern ein permanentes Sowohl-als-auch. Balance meint nicht Gleichmacherei oder

Mittelmaß – sondern die Fähigkeit, zwischen scheinbaren Gegensätzen zu navigieren: Nähe und Distanz, Empathie und Konsequenz, Zuhören und Entscheiden. Diese Balance ist nie statisch. Sie braucht innere Beweglichkeit, Selbstreflexion – und die Bereitschaft, sich immer wieder neu auszurichten.

Durchsetzungsfähigkeit

Wer führt, muss Entscheidungen treffen – auch gegen Widerstände. Doch Durchsetzungsfähigkeit ist mehr als Härte oder Autorität. Sie zeigt sich darin, die eigene Position klar und respektvoll zu vertreten, ohne die Beziehung zum Gegenüber zu zerstören. Im besten Fall verbindet sie Klarheit mit Empathie: Du sagst, was du denkst – und bleibst dabei in Verbindung.

Emotionale Intelligenz

Emotionale Intelligenz ist die Fähigkeit, Gefühle – eigene wie fremde – differenziert wahrzunehmen, zu verstehen und bewusst zu steuern. In der Führungspraxis entscheidet sie oft darüber, ob jemand Vertrauen aufbauen, Konflikte lösen oder wirksam kommunizieren kann. Sie macht aus Wissen, Haltung, Kontakt, Beziehung und Führung Wirksamkeit. Wer emotional intelligent führt, wirkt nicht nur kompetent – sondern menschlich.

Empathie

Empathie ist kein Weichmacher – sondern ein strategischer Vorteil. Sie beschreibt die Fähigkeit, sich in Gedanken, Gefühle und Perspektiven anderer einzufühlen, ohne sie zu übernehmen. Echte Empathie bedeutet: Du verstehst, wie es dem anderen geht – und bleibst gleichzeitig bei dir. Sie ermöglicht Verbindung, ohne dich aufzugeben. Und sie schafft Vertrauen, ohne Kontrolle auszuüben.

Führung

Führung ist mehr als die Ausübung von Macht oder das Erreichen von Zielen. Sie ist ein zutiefst menschlicher Prozess, der auf Beziehung, Verantwortung und Gestaltung basiert. Gute Führung beginnt nicht mit Techniken, sondern mit innerer Haltung. Sie entsteht dort, wo Menschen bereit sind, Verantwortung zu übernehmen – für andere, aber vor allem für sich selbst.

Haltung

Haltung ist das unsichtbare Fundament deines Führungsverhaltens. Sie zeigt sich nicht in schönen Worten, sondern im Alltag: Wie du mit Druck umgehst, wie du entscheidest, wie du mit Menschen umgehst, wenn es nicht rund läuft. Haltung entsteht nicht über Nacht – sie wächst mit jeder Entscheidung, die du triffst. Und sie wird besonders spürbar, wenn du unter Spannung bleibst – und trotzdem bei dir.

Klarheit

Klarheit ist die Fähigkeit, aus innerer Stimmigkeit heraus Orientierung zu geben. Sie wirkt nicht durch Lautstärke, sondern durch Präsenz. Klarheit zeigt sich darin, dass du weißt, wofür du stehst – und bereit bist, es zu vertreten. Sie schafft Vertrauen, weil Menschen spüren: Da ist jemand, der sich nicht versteckt. In unsicheren Zeiten ist Klarheit kein Luxus – sondern Führungspflicht.

Resonanz

Resonanz ist das, was zwischen Menschen entsteht, wenn sie sich gegenseitig berühren – im Denken, Fühlen, Handeln. In der Führung ist Resonanz ein Gradmesser: Führst du so, dass dein Gegenüber sich gemeint fühlt? Nimmst du die Wirkung deiner Worte wahr – oder bleibst du im Senden stecken? Resonanz ist mehr als Rückmeldung – sie ist Beziehung in Bewegung.

Selbstführung

Wer andere führen will, muss sich selbst führen können. Selbstführung beginnt mit Selbstwahrnehmung: Wo stehe ich? Was bewegt mich? Sie zeigt sich in der Fähigkeit, Emotionen zu regulieren, Prioritäten zu setzen, Nein zu sagen – und sich selbst in stürmischen Zeiten nicht zu verlieren. Sie ist der stille Kern wirksamer Führung – und oft der am meisten unterschätzte.

Verantwortung

Verantwortung ist kein Gewicht, das man trägt – sondern ein inneres Ja. Es meint die Bereitschaft, für das eigene Denken, Fühlen und Handeln einzustehen. Verantwortung beginnt bei der Frage: Was liegt in meinem Einflussbereich – und was mache ich daraus? In der Führung heißt das: nicht delegieren, nicht wegschauen, nicht schönreden. Sondern präsent bleiben – auch, wenn es unbequem wird.

Wertschätzung

Wertschätzung ist nicht gleich Lob – und schon gar nicht Nettigkeit. Sie zeigt sich in echtem Interesse, im Zuhören, im Wahrnehmen des Anderen als Mensch. In einer Führungskultur, die von Wertschätzung geprägt ist, fühlen sich Menschen gesehen – nicht nur als Funktionsträger, sondern als Persönlichkeiten. Und genau daraus entsteht Leistung: aus Verbundenheit, nicht aus Druck.

Über den Autor

Christian Klinke ist Leadership Coach, Gründer von PPA Leadership Coaching und begleitet Führungskräfte dabei, mit Klarheit, Haltung und innerer Stärke wirksam zu führen.
Er verbindet psychologische Tiefe mit pragmatischer Klarheit – jenseits von Show, Dominanz oder Lautstärke.

Als ausgebildeter Executive Leadership Coach mit MBA-Hintergrund hat er sich in seiner Forschungsarbeit intensiv mit Leadership Development auf Basis emotionaler Intelligenz beschäftigt. Seine Erfahrungen in der öffentlichen Verwaltung, in Unternehmen, im Bildungsumfeld – sowohl national als auch international – sowie in der Einzelberatung fließen in jedes Gespräch und jedes Format ein: persönlich, professionell und immer auf Augenhöhe.

Christian Klinke steht für eine neue Art der Führung: authentisch, empathisch und klar. Mit seinem EMQ-Modell („Empathy Mapping & Profiling for Leaders") hat er ein fundiertes Instrument entwickelt, das moderne Führung neu denkt - jenseits von Machtsymbolen, hin zu echter Wirksamkeit.

Mit „Klar führen“ gibt er einen klaren, persönlichen Impuls für all jene, die nicht laut führen – aber stark wirken wollen.

Printed in Poland
by Amazon Fulfillment
Poland Sp. z o.o., Wrocław

54090008R00074